三易新論

陳洙通題

三易新論 中卷

沈祖緜 瓞民學

第十章 周易新論一

一、周易作者考

周易是三易之一。不過其書屢為後人所增益。今日所見的卦辭爻辭。大都是周朝太卜占人簭人所掌的繇辭。周禮春官宗伯亦載大卜占人簭人三者。雖周禮的著作年代。還不能考定。其中有戰國時的學者。蒐集周代的資料所寫成的。亦混雜漢儒的學說。但是周易原始是卜官所掌。這是可以肯定的。古代卜筮兼施。卜早於筮。原始社會的占法。似隨物可以占卜。如詩小雅小宛握粟出卜。論衡卜筮篇。子路問孔子曰。猪肩羊膊。可以得兆。雚葦藁芼。可以得數。何必以蓍龜。這可證明最早是隨物占卜。殷周之際。社會的發展。已經過奴隸制的革命。卜筮用蓍龜。已較粟和猪肩羊膊等物。作為卜筮之工具。比較上進步了。當然民間還是用粟和猪肩羊膊的。至於筮的運用。殷周之際才實行。王充論衡卜筮篇。周武王伐紂。卜筮之逆。占曰大凶。太公推蓍蹈龜而曰。枯骨死草。何知而凶。可作明證。因為上古敬鬼重卜。龜既難得。非王家貴族。无力用卜。民間就用筮。較卜簡便多了。卜筮方法不同。因此殷墟甲骨所刊卜辭中。很少載筮的。但間有『占曰』之辭。是占可用於卜。亦可用於筮。而洪範筮逆筮從。郭璞爾雅山海經等注。屢引歸藏。可見殷周之際。卜官所守。所用筮法。是歸藏連山周易並用。而且均用六十四卦來筮。僅演的方法不同而已。筮短龜長的說法。這僅說明當時王家貴族因筮簡便。亦同時采用。但是仍認為卜重於筮。

周代卜官掌三易。連山歸藏周易三種筮法並用。連山歸藏筮的方法。已不可深考。周易尚變。以用九用六。成六爻之變。而連山歸藏筮法。必落後於周易。左傳屢載以周易筮之。這說明有些占筮。還是不用周易的方法來占筮的。可證卜官是三易並用的。並且周易亦不止一部。漢書藝文志六藝略首列周易十二篇。數術略蓍龜家又有周易三十八卷。而左傳所載筮辭。與今本周易異者很多。這說明古時卜官占筮。均无固定的繇辭。隨筮取象。因象造辭。

這種方法。卜辭亦是這樣的。左傳所載周易繇辭，和今本周易不完全相同。這就不足奇怪了。社會日趨發展。由於生產力的發展。人事日繁。卜龜已不容易搜求。（管子山權數、御神用寶、論語公冶長、臧文仲居蔡。在春秋時，龜類稀少可珍。）卜法又不簡便。易之筮法簡便。較卜法有了進步。但是仍要隨筮造辭。非卜官就不能用筮。后來卜官把舊的繇辭歸納起來。選擇舊辭中每卦爻的一辭。（間有二辭以上者）輯成今本周易。這又較三易有顯着的進步。其時對易之研究。還掌在卜官之手。卜官以卜筮為世守之業。周易卦爻辭既固定下來。皆卜官按往舊造說。惟託諸姬昌姬旦以自固。連山歸藏亦託諸神農、黃帝和夏后。其實均是卜官的筮法罷了。至於周易於「卜筮者尚其占」以外。別立新義。增加「尚辭」「尚變」「尚象」。後世儒家遂把周易進為六藝之首。而連山歸藏還是隨筮定辭。使用不便。於是大卜所掌的連山歸藏之法。日久亡佚了。

二、釋「周」字名義

周易名義。易字既解於前。第二章易字之定義。周字名義孔穎達云。

案世編等群書神農一曰連山氏。亦曰烈山氏。黃帝一曰歸藏氏。既連山歸藏。並是代號。則周易稱周。取岐陽地名。毛詩云。周原膴膴是也。又文王作易之時。正在羑里周德未興。猶是殷世也。故題周別於殷。以此文王所演。故謂之周易。其猶周書周禮。題周以別餘代。故易緯云因代以題是也。據劉氏嘉業堂刊周易正義本。

周為代名。似无可疑。但至漢代以易理无所不包。於是在代名之外。別出新義。鄭玄說。

周易者。言易道周普。无所不備。見孔穎達正義第三論。

孔氏謂鄭玄雖有此釋。更无所據之文。先儒因此遂有文質之義。皆煩而无用。今所不取。這種說法。認為是對的。周是代名。與周書周禮一樣。儒家贊易。易變為學者研幾的哲理。認為廣博深奧。非代名所能包括了。因此孔氏所引易緯。因代以題之說。人皆以為韙語。故今所存易緯諸書。已不舉周字。惟繫辭傳「周之盛德邪」一語。作繫辭傳者尚據代釋周。至漢代以易道廣博。僅以代名解釋。覺意義不明。於是以周普釋易。考乾鑿度云。

易曆曰。陽紀天心。

鄭玄注曰。

孔子以曆說易。名曰象也。今易象四篇。是紀古說。（下有脫文）假借字爾。（此四字與上不貫。）

鄭氏又以曆解周易。較周普之義。加深一層。周易之組織。以算核之。有周普之義。至易象四篇。是否左傳昭二年晉侯使韓起來聘。觀書太史氏。見易象與魯春秋之易象。未能考定。疑是卜官世守之業也。而左傳國語所載晉人筮辭。皆與今本周易爻辭合。惟辭句稍有出入而已。考管子樞言篇。周者不出於口。不見於色。一龍一蛇。一日五化之謂周。管子說周。與周易之周字義同。（一龍一蛇，一日五化。疑齊人諺語。）呂氏春秋知度篇引子華子。惟彼天符。周而不周。其周字。亦與周易之周義同。高誘注。忠信為周。雖據國語魯語下。叔孫豹語。及詩小雅都人士傳。立義殊陋。淮南原道訓。貴其周於數而合於時也。高誘注。周。調也。是據賈子道術。合得周密謂之調。在字義。調為周之孳乳。白虎通。號周者。至也。密也。道德之密。

无所不至。此今文家言，釋文周字有四義，云周，代名也。周至也。徧也。備也，陸德明從鄭玄說。然亦未敢破代名之說。以白虎通證之。亦有周普之義。黃以周云。繫辭傳曰。易之為書也。不可遠。為道也屢遷。變動不居。周流六虛。上下无常。剛柔相易。曰周流曰相易。非釋周易之說乎。孔斥鄭君說無所據。抑何疏耶。周易之名。始于文王。非周革商之後。以周號代。乃以周易名也。見儆季雜著。

黃說亦後起之義也。至六虛。陸績以為六爻。虞翻韓康伯以為六位。其實六爻與六位有別。繫辭又云。知周乎萬物而道濟天下。故不過道。鄭玄云。當作導。道導古通用。知周亦作周普解。孟子盡心篇。周于利者周于德者之類。周官亦多出周字。如地官大司徒云。以天下土地之圖。周知九州之地域廣輪之數。鄭玄注。周。猶徧也。又遂師。注无。又司稼。注无。又夏官司士。注无。又職方氏。注无。皆出周字。周字義亦作徧釋。後人把周字釋為周普。以為這樣方能知變化之理而已。總之周字的意義。必須根據歷史發展的觀點。逐層說明。其義自明。

三、辨圖象

漢學家治易。視圖象為宋儒僞造。不屑一顧。於是後世治易者。一看圖象就駭為左道。這樣易理就不容易講透。殊不知漢書藝文志六藝略云。

圖一

隋書經籍志載圖更多。今漢隋之易圖久佚。但是易未經秦火。卦爻之組織嚴密。自可推求。今日治易。似不應糾纏漢宋。吾友章太炎以先天后天之說為治易左道。這是不對的。其實周易是殷周之際占筮之書。占筮離不開圖象的。若棄圖象而不談。周易之義就難明了。易圖雖久佚。仍可推演。但先天后天諸名。乃後儒所加。此宜辨明。漢學家主要論據。是據胡渭之易圖明辨。證明河圖洛書是僞造的。若將圖象與河圖洛書之名分開研究。則胡渭的論據是不充足的。故研治周易。應先分析胡渭的論據是否正確。胡渭易圖明辨的題解云。就邵子四圖論之。則橫圖義不可通。此說非是。橫圖之名。固後人所加。而其圖式。若以消息規律一一求之。自通其義。繫辭是故易有太極。是生兩儀。兩儀生四象。四象生八卦。八卦定吉凶。吉凶生大業。此由一陽一陰挨排而得。復由陽消陰息而得一陰一陽之變。若云義不可通，實失諸鑒。胡氏又以圓圖為丹道，更失諸鑒。其引俞琰易外別傳（俞琰宋亡后隱居洞庭西山，治易三四十年，晚作易外別傳，以證之。第七卷引俞琰易外傳別序一文，又錄俞說七則，全文見道藏太玄部），更謬。圓圖上端乾坤比連，下端姤復比連，與丹家之說毫不相涉。胡氏又云：先天之圖，伊川不列於經首。圖所以尊聖人，亦所以全陳卻也。考程頤易傳，黎庶昌刊古逸叢書本，首列橫圖。可證胡氏之說之未是。胡氏最有力的論據，是據毛奇齡仲氏易。（奇齡兄錫齡治易，未著書而卒。錫齡未死時，口授其子文輝，奇齡乃據文輝所述成此書。）其引朋從以自固。其實毛氏仲氏易論據是有矛盾的。首言生畫之別。生即太極生兩儀，兩儀生四象，四象生八卦之生。而毛氏以畫字混淆之，謂生卦之序，非畫卦之序也。生之形狀，須以畫圖出之，然後其狀可見。今毛氏以生畫兩字分別來解釋，使讀者不能明辯兩者之用。又引毛氏八誤之說。胡氏以為剖解无遺。其實誤解之處甚多。茲駁毛氏八誤之說如下。

一、畫繁。注云：在陽有一百九十二畫，在陰有三百八十四畫。太不憚煩矣。其誤一也。毛氏所舉之畫，不過圖中之陽畫陰畫。陽畫一百九十二，陰畫亦一百九十二，計三百八十四畫，即是三百八十四爻。亦即是一陽一陰排列而來。若加以消息之理。又倍之為三百八十四。是很簡的。而毛氏以為繁。又誤以為一畫作兩畫。原圖不誤。而毛氏解之反誤。

二、四五無名。其誤二也。四者即橫圖四象生八卦上一層。亦即繫辭因而重之。爻在其中矣。（卦三畫，爻六畫，卦三因乃成六爻。）亦即橫圖第四層為第一因數。增至十六畫。為八卦加一倍數。即兩個乾一兌二離三震四巽五坎六艮七坤八。五即橫圖第五層為第二因數。增至三十二畫。為第一因數加一倍數。即四個乾一兌二離三震四巽五坎六艮七坤八。何必另立卦名。原來不誤。毛氏解之反誤。

三、三六無住法。其誤三也。毛氏注文近迂。將明白易曉之文字。故作曲說。其實言三畫成八卦。六畫成六十四卦。其說與毛氏所謂第二誤四五無名之意同，別生枝節。硬湊一誤。

四、不因。其誤四也，注語更誤，毛氏竟不解繫辭之義。彼云八卦成列，象在其中矣。是言三畫之卦。接下云。因而重之。爻在其中矣。是言三次因之為六十四。重指三因後，其爻為六。即為三畫之重。此毛氏不能解因有三因而誤。

五、父子母女並生。其誤五也。易言乾父坤母。震長子。巽長女。坎中男。離中女。艮少男兌少女之說。其時代已較橫圖為演進。橫圖以四象立說。无父子母女之別。乾兌屬太陽。離震屬少陰。巽坎屬少陽。艮坤屬太陰。今毛氏不加分析。以乾坤之三索。來解釋橫圖。誤矣。

六、子先母。女先男。少先長。其誤六也。此毛氏誤解橫圖之說。與第五誤同。

七、卦位不合。其誤七也。注云。今以第加之畫而環畫之。乾一右轉。巽五左旋。以乾南坤北。離東坎西為象。此實本魏氏參同契乾坤運軸。坎離匡郭之圖。而妄名先天。致邵子以雷風相薄。水火不相射為證。其誤七也。毛氏此說。更覺離奇。參同契之圖。實與橫圖異。毛氏所說。即余第七歸藏章所列來知德之圓圖。胡安世襲之。已證其誤。說見前。

八、卦數。杜撰无據。其誤八也。毛氏此說。不知易之組織。有一定規律。至橫圖實未言八卦之數。乃是言一陽一陰之次第。而胡渭以毛氏八誤。奉為圭臬。為易圖明辨之鐵證。更不攻自破。周易當有圖。這是可肯定的。卜官演易。演時必有一種憑藉之物。以之為計畫。故揚雄太玄玄圖圖象玄形。太玄易之支裔。亦不能无圖。如易无圖。何能讀之。惠棟易漢學亦力主无圖。而往往辭窮之際。必剿襲漢魏唐宋人之圖。以固其說。計引六圖。此以方寸之木。欲高於岑樓的緣故。胡渭之說。既駁辯如上。近人仍以胡渭之說為論據。更不能成立了。但是宋人劉牧邵雍諸家對於圖。亦有嚴重的缺點。劉邵等據周易卦爻之組織。列圖說明。雖排列不完全確當。但把卦爻組織。以圖列出。使讀者較易解釋。缺點在於闡述易圖。吞吐其辭。致无例可求。還一定要把圖取名先天。後天。伏羲六十四卦。橫圖。圓圖。附會上古之名稱。以玄其圖之神妙。這是宋儒的缺點。自程頤易傳。首轉載邵氏之圖。朱震漢上易卦圖。朱熹本義及啟蒙繼之。後之注易者宗之。但是讀者。僅見圖之體。不明圖之用。有圖等於无圖。反為治漢易者作為攻擊標的。使易在恍兮忽兮之中。令余治易。彙集漢宋諸說之長。屏去糟粕。並將卦爻之圖。重為排列。求得新例。

與宋儒之圖，凡例可求者不同。但是各圖仍取舊名者。便學者探索。此以舊名闡新說，如僅見舊名。即驗為宋易。這就非余的意圖了。

四、卦式

八卦的組織。郭沫若中國古代社會的研究云。

八卦的根底。我們很顯明可以看出是古代生殖器崇拜的孑遺。畫一以象男根。分而為二。以象女陰。所以由此而演出男女。父母陰陽。剛柔。天地的觀念。中法大學月刊六卷四、五期。李星可周易時代背景與精神生產。評郭說是玄學家的易傳作者的戲法。又說八卦僅僅是古人一種數字游戲而已。此說失詞。未免對上古數學看得太輕。

余補充郭說如下。考坤卦爻辭合章括囊黃裳龍戰。實有所指。不過語有隱顯之別而已。繫辭解損六三云。

男女構精。萬物化生。

說更明顯。說卦傳乾首坤腹。亦形容男女構精。蓋男女之理。確重在生字。凡物不生即滅。滅則不但人類滅。而萬物亦不能化生。故周易序卦。乾上坤下。无非化生之理。故乾坤之象曰。大哉乾元。萬物資始。至哉坤元。萬物資生。又繫辭重言以中明之。乾知大始。坤作成物。又曰。夫乾其靜也專。其動也直。是以大生焉。夫坤。其靜也翕。其動也闢。是以廣生焉。不獨言男女化生之理。事物的變化亦如是。无非法乾坤。順陰陽。以化生萬物。徐景休參同契箋注云。乾坤者。易之門戶。衆卦之父母。坎離匡廓。運轂正軸。牝牡四卦。以為橐籥。製器尚象。象既備矣。且明顯確切如是。項安世周易玩辭坤卦說云。

乾言元亨利貞。坤亦元亨利貞。坤卦貞字之上。加以牝馬者。因乾為馬。牡馬也。故坤為牝馬。陰從陽。故坤必承乾而行。坤順。故曰牝之貞。坤地也。承天而行。猶牝馬之性。隨牡馬而行也。

細繹項氏之意。不敢以男女構精明說。乃借牝牡之馬以喻之。以隱釋顯。至乾首坤腹。是化生之作用。震足巽股。指長男長女之動作。艮手兌口。指少男少女之動作。此近取諸身以形容其狀態。至坎耳離目。无非形容中男中女之情狀。其實坎水離火。乃曲盡男女之事。說卦傳坎為下首。說更鮮明。此蓋上古以一陰一陽。事物一正一負之理。正負之變。乃成萬物。周易卦的組織。由爻的正負而成卦。其核心在于變。六爻之之變。即一卦六爻之之變。或上下兩卦十二爻之之變。以成六十四卦之次第。一陽一陰的排列。出於原始圖象。其卦序。則乾坤序。兌艮序。離坎序。震巽序。此八卦，即為上世與上世序。推之一世與一世序。二世與二世序。三世與三世序。四世與四世序，五世與五世序。歸魂與歸魂序。游魂與游魂序。宮次相對。其出宮之配合變化亦然。但陽卦陰卦。一往一來。卦卦相錯。由八卦加一倍為十六卦。十六卦加一倍為三十二卦。三十二卦加一倍為六十四卦。又因消息。將六十四卦。全面相反。如乾消為坤。坤息為乾。夬消息為剝。剝消息為夬。所謂一陰一陽之謂道是也。

周易之序。相同者得十六卦。曰乾坤。曰泰否。曰歸妹漸。曰中孚小過。曰離坎。曰既濟未濟。曰頤大過。曰隨蠱。卦皆相錯。亦即世位連續皆成六。至餘四十八。皆相綜。錯綜二字。實不相同。來知德隱居語溪。終身治易。對錯綜二者。未能辯析明白。世多譏之。而杭辛齋尤甚。謂來氏對於錯綜兩字。開口即錯。誠然。然綜字之由來。在於六字。此六字。不是用九用六之六。亦不是六爻之六。乃是上下兩卦世位。互成為六之六。周易一世必與五世序。（五世一世同。）二世必與四世相序。

四世二世同。至三世四正之卦。如否泰既濟未濟。即在十六卦中。又如咸恒損益。皆為三世之卦。雖世位相同。而組織有異。至上世之卦。為乾坤坎離。兩卦連續之世位。皆為六。游魂為四世之卦。上下兩卦數之為六。歸魂世位居三位。上下兩卦數之亦為六。故繫辭云。

六者。非他也。三才之道焉。

漢人未有注釋。韓康伯注云。

說卦備矣。

韓氏此說。是根據說卦傳。

昔者聖人之作易也。將以順性命之理。是以立天之道。曰陰與陽。立地之道。曰柔與剛。立人之道。曰仁與義。兼三才而兩之。故易六畫而成卦。分陰分陽。迭用柔剛。故易六位而成章。

韓說未明六字之義。說卦傳謂六畫。言一卦由六畫而成。六位即32 16 8 4 2 1之位。與周易上下兩卦連續而世位必為六者異。因繫辭與說卦傳。皆以三才立說。致使人不能辨別。繫辭言周易上下連續之理。以說卦傳言六畫六位列之。則差以毫釐，謬以千里矣。至乾文言。以乾為君德。坤文言。以坤為地道，為妻道。為臣道。全與三才之道異。疑創三綱之說者所增入。

周易尚變。所謂變者。从爻始。例如乾卦六爻之變。初爻變為䷫姤。二爻變為䷌同人。三爻變為䷉履。四爻變為䷈小畜。五爻變為䷍大有。上爻變為䷪夬。說見左傳昭二十九年。龍見於絳。蔡墨對魏獻子之言。此周易之變。故繫辭云。剛柔相推而生變化。又爻也者。效天下之動者也。又道有變動故曰爻。說卦云發揮於剛柔而生爻。皆言爻變之明證。所謂窮則變。變則通。周易之序。乾卦之之變。初九姤。上九夬。即姤夬相序。九二同人。九五大有。即同人大有相序。九三履。九四小畜。即小畜履相序。而世位兩爻連續。數之皆為六。與序卦同。至坤卦六爻之變。與乾卦同。不過陰陽不同。繼乾坤者為屯蒙。此兩卦之發揮剛柔。與乾坤兩卦不同。當合兩卦之之變而定之。如䷂屯。初九變為䷇比。六二變為䷻節。六三變為䷾既濟。六四變為䷐隨。九五變為䷗復。上六變為䷩益。如䷃蒙。初六變為䷨損。九二變為䷖剝。六三變為䷑蠱。六四變為䷿未濟。六五變為䷺渙。上九變為䷆師。此屯蒙兩卦當連續觀之。屯初九比與蒙上九師。即比師相序。屯六二節與蒙六五渙。即節渙相序。屯六三既濟與蒙未濟。即既濟未濟相序。屯六四隨與蒙九三蠱。即隨蠱相序。屯九五復與蒙九二剝。即復剝相序。屯上六益與蒙初六損。即損益相序。後人增加名目。所謂交易。即指此。其餘諸卦。均可由此挨排得之。

周易橫圖挨排之法。可從本卦或左或右。惟位則不可差錯。後人創初爻上爻无位。誤解王弼周易略例。辯位一文。言中爻者。以為指六十四卦。如乾卦之變。俗謂之爻變。三十二位為姤。十六位為同人。八位為履。四位為小畜。二位為同人。一位為夬。如坤三十二位為復。十六位為師。八位為謙。四位為豫。二位為比。一位為剝。如屯三十二位為比。十六位為節。八位為既濟。四位為隨。二位為復。一位為益。又如蒙三十二位為損。十六位為剝。八位為蠱。四位為未濟。二位為渙。一位為師。其餘六十卦。亦如上法挨排之。即繫辭所謂變則通也。

世謂周易卦辭為姬昌所作。爻辭為姬旦所作。其說无據。繫辭曰。易之興也。其於中古乎。作易者其有憂患乎。不言作易者為誰何。荀爽注。文王為中古。

集解引虞翻、鄭玄注。文王因（因或作困）而演易。（見正義八論）虞翻注。興易者。謂庖犧也。文王書經。繫庖犧於乾五。乾為古。五在乾中，故興于中古。繫以黃帝堯舜為後世聖人。庖犧為中古。則庖犧以前為上古。（集解引）繫辭又云。易之興也。其當殷之末世。周之盛德邪。當文王與紂之事邪。孔穎達正義四。卦辭文王。爻辭周公。馬融陸績等並同此說。又左傳昭二年正義引鄭玄曰。據此言。以易是（惠棟輯本刪是字）文王所作。斷可知矣。集解引虞翻曰。謂文王書易六爻之辭也。末世乾上。盛德乾三也。……而馬荀鄭君。從俗以文王為中古。失之遠矣。以上馬荀鄭陸虞五說。其言也庬。而虞說更迂。繫辭並不言姬昌作易。至姬昌演易。傳者不一。演者釋名釋言語。演。延也。言蔓延而廣之也。左傳昭二年傳。易象春秋疏云。演謂為其辭以演說之。是其證。則演易與作周易卦辭。絕對分是兩事。若并為一談。實未能體會繫辭之意。並且誤讀繫辭。卦爻辭是卜家根據舊繇辭編定。而演易即根據卦爻創為公式。已由卜筮家變成有規律可求的哲理書。所謂姬昌演易。即演易自姬昌時代開始而已。卦的組織。其要有三。

一、上下兩卦相續之理。細別之又分為二。如䷂屯䷃蒙。屯之內卦與蒙之外卦。相續為䷽小過。一也。屯之外卦與蒙之內卦。相續為䷜坎。二也。因六十四卦相續者。祇有乾坤坎離頤大過中孚小過八箇卦。坤之彖曰。乃順承天。（坤繼乾後，故曰承天。）大過九二彖曰。過以相與也。（因九二變艮，艮與外卦兌，在橫圖艮與兌相錯，故曰相與。）離之彖曰。大人以繼明照於四方。小過彖曰。上逆而下順也。如䷀乾。䷁坤。乾之內卦與坤之外卦。為䷋否。乾之外卦與坤之內卦。亦為䷋否。䷜坎䷝離。坎之內卦與離之外卦。為䷾既濟。坎之外卦與離之內卦。亦為䷾既濟。皆得乾坎之半。（即乾坎之三世卦，）反之為䷊泰。為䷿未濟。皆得坤離之半。（即坤離之三世卦，）如䷚頤。䷛大過。頤之內卦與大過之外卦。為䷵歸妹。頤之外卦與大過之內卦。為䷑蠱。（即兌巽之歸魂卦，）如䷼中孚。䷽小過。中孚之內卦與小過之外卦。為䷐隨。中孚之外卦與小過之內卦。為䷴漸。（即震艮之歸魂卦，）乾坤坎離為八純卦。故用否泰既濟未濟之三世卦。頤大過中孚小過為游魂卦。故用歸魂歸妹蠱隨漸。（此四卦，在周易隨蠱序，漸歸妹序，）這是易之聯系。

二、受之以的規律。是六十四卦。分三十二組。其義與序卦傳以六十四卦每卦為受之以之例異。當以三十二組受之以為例。此以相續聯系相錯。及中爻之互推出之。皆有一定之規律。昔人注釋。皆屬空泛。韓康伯謂凡序卦所明。非易之緼。余謂序卦傳各家注釋亦然。

三、用六用九。係爻變。為爻辭所據。今周易僅舉一爻之變。而二爻以上皆闕。後人又譌解原始要終。始為乾坤。終為既濟未濟。以既濟未濟。周而復始。又為乾坤。實失之甚。因周易之爻變為一爻之變。而既濟未濟復為乾坤。須三爻變。方能相續乾坤。且周而復始。非卦序之原意。執此說者。是固執虞翻解繫辭失其守者其辭詘云。巽人之辭也。虞翻以將叛其辭慙、為坎人之辭。中心疑者其辭枝、為離人之辭、吉人之辭寡、為艮人之辭、躁人之辭多、為震人之辭、誣善之人其辭游、為巽人之辭、以六子立說。其說迂。巽詰詘。陽在初。守巽初。入伏陰下。故其辭詘。此六子也。離上坎下。震起艮止。兌見巽伏。起止見伏四卷見雜卦傳。上經終坎離。則下經終既濟未濟。上繫終乾坤。上繫結句云。乾坤其易之緼邪。此虞氏易如此分卷。今本周易。其下尚有一百七十五言、則下繫終六子。此易之大義也。後之治易者。因虞氏之說。以為既濟未濟。可復轉乾坤。其實殊非。

卦之組織。應以上三例求之。庶可迎刃而解也。

五、釋元亨利貞

周易六十四卦。卦辭非姬昌所作。繫辭以為文王與紂之事。則出於卜官之手可證。然文簡而賅。知為西周文字无疑。卦辭中有兩字命卦者。如小畜、同人、大有、噬嗑、无妄、大畜、大過、大壯、明夷、家人、歸妹、中孚、小過、既濟、未濟、得十五卦。合之六十四卦名得七十九字。而小字兩出大字四出人字兩出濟字兩出。過字兩出。不過七十一字。而卦辭再去其重文。不過二百五字。加卦名七十一字。僅得二百七十六字。其中除元亨利貞外。尚有吉凶无咎攸往諸重文。上古文字之簡。莫簡於卦辭。有以為戰國時人所作。而國語左傳已有引之者。當在戰國之前可知。又以為書中已出文王箕子。不知此係爻辭彖辭。不是卦辭。卦辭中元亨利貞四字。疑是卜官筮卦的一種術語。惠棟易例、元亨利貞大義、備具。說至隋。考洪範有貞悔。內卦為貞。外卦為悔。貞悔兩字。皆從卜。說文貞卜問也。古時迷信殊深。凡遇疑慮。洪範以卜筮。卜辭中。凡某日卜某事。皆曰貞。元亨利貞四字。究作何解。周易定辭之初。必有規律可求。因乾卦則統括四字。其他六十三卦。如坤屯隨臨无妄五卦。亦揭出四字。然各有不同之襯字。與乾卦必不相同。此種卦辭的規律。作為占筮辭吉凶的方法。當時決不是虛下的。可惜方法失傳。到儒家作文言傳的時代。涵義就不同了。現在可考的。文言傳曰。

元者善之長也。亨者嘉之會也。利者義之和也。貞者事之幹也。君子體仁。足以長人。仁是元。此言乾之元。由初爻四爻變異而言。巽為木。木為仁。故云。嘉會足以合禮。禮是亨。此言乾之亨。由二爻五爻變離而言。離為火。國與國之交際。又為禮。兩國情感相通。方能一致。利物足以和義。利是義。此言乾三爻上爻變兌。以兌正秋也立說。利與和皆禾之孳乳。說文。禾二月始生。八月而熟。八月在兌之位。貞固足以幹事。君子行此四德者。故曰乾元亨利貞。

左傳襄九年引。作元體之長也。嘉會足以合禮。餘與文言同。梁蕭衍周易大義。以文言是文王所制。陸德明釋文引。此說雖不可考。四字訓為四德。是比較早的。但是四德的解釋。必非周易定辭的時代的真諦。

元亨利貞之貞。與甲骨文卜貞之貞。方法不同。周禮大宗伯。凡祀大神。享大鬼。祭大示。帥執事以卜日宿。宗伯大卜。凡國大貞。卜立君。卜大封。鄭司農云。貞問也。說文同。鄭玄謂貞之為問。問於正者。乃從問焉。在周易屯之九五。小貞吉。大貞凶。此貞字。當作問解。周因於殷禮。不改卜之習俗。惟甲上不鐫字。與殷異制。是行繫幣之法。杜子春云。繫幣者。以帛書其占。繫之於龜也。因上古之時。洪水汎濫。龜類生息甚繁。故採捕殊多。至周時。龜則不及昔時之夥所致。易言貞吉貞凶貞吝。與元亨利貞之貞字異義。不可相混。如坤卦牝馬之貞字。不當訓問。文言傳的時代。以四德之義解貞字。假借為楨。文言傳。貞事之幹也。爾雅釋詁。楨、榦也。說文不出幹 榦為正字。又廣雅釋詁三。榦、事也。與文言、貞固足以幹事合。王念孫疏證。榦者、多士。爾厥有榦有年于茲洛。王肅注云。榦、事也。是其證。又可假借為禎。漢書宣帝紀甘露二年詔。咸受禎祥。師古注曰。禎、正也。禎音貞。與子夏傳。貞正也合。徐鍇說文繫傳云。禎者、貞也。貞、正也。人有善。天以符瑞告之也。周禮曰。祈永貞。徐鍇釋貞以符瑞。非是。徐引周禮係大祝文。原文為祈福祥。求永貞。徐說有脫文。卦辭以元亨利貞立說。是作卦辭的人。以變指辭。要知元亨利貞。皆憑藉六爻之變。以元亨利貞之動釋變。故繫辭云。六爻之動。三極之道也。此所以繫辭重在動字也。卦辭元亨利貞四者。乃指六爻之變而言。文言的作者。以四德訓元亨利貞。這已從卜筮家的術語。轉變為儒家思想了。在繫辭傳說卦傳兩篇中。尚未提到四德。故漢代四家博士。亦不提出。僅文言傳一提。漢人對四德。僅子夏傳有之。然離不掉文言的窠臼。晉王弼注云。文言備矣四字了之。並且王弼的注語。不在乾元亨利貞之下。而在初九潛龍勿用之下。明明是錯簡。清代校勘家。如阮元浦鏜吾家椒園先生（諱廷芳）也未加校正。宗王弼者。如孔穎達正義云。

莊氏云。第一節。元者善之長者。謂天之體性。生養萬物。善之大者。莫善施生。元為施生之宗。故言元者。善之長也。亨者。嘉之會者。嘉美也。言天能通暢萬物。使物嘉美之會聚。故曰嘉之會也。利者。義之和者。言天能利益庶物。使物各得其宜。而和同也。貞者。事之幹者。言天能以中正之氣。成就萬物。使物皆得幹濟。莊氏之意。以此四句。明天之德也。（祖緜按。莊氏之意。以天作自然現象觀。義隘。）而配四時。元是物始。於時配春。春為發生。故下云體仁。仁則春也。亨是通暢萬物。於是（祖緜按。是為時之譌。）配夏。故下云合禮。禮則夏也。利為和義。於時配秋。秋既物成。各合其宜。貞為事幹。於時配冬。冬既收藏。事皆幹了也。

於五行之氣。唯少土也。土則分王四季。（祖縣按。四季與四時異。四季以辰戌丑未之月為四季。）四氣之行。非土不載。故不言也。……施於五事言之。元則仁也。亨則禮也。利則義也。貞則信也。（祖縣按。貞、作信譌。）不論智者。行此四事。並須於知。且乾鑿度云。水土二行。兼信與知也。（祖縣按。乾鑿度。當作乾坤鑿度。引萬名經云水土兼智信。）故略知（祖縣按。知、阮本作而譌。）不言也。

孔穎達此疏。其誤有三。一、孔疏貞則信也。此說非當。貞不是信。孔氏不知元亨利貞之外。尚有一孚字。需有孚疏云。需之為體。唯有信也。訟有孚疏云。訟之體。不可妄興。必有信實。觀有孚疏云。孚。信也。坎有孚疏云。謂行此至險。能守其綱中不失其信也。損有孚疏云。若不以誠信。則涉諂諛。而有過咎。孚號有厲疏云。則是用明信之法。而宣其號令。革己日乃孚。疏云。元亨利貞悔亡者為革。而民信之。然後乃得大通而利正也。（祖縣按。大通指內卦離為亨。利正指外卦兌為利。元指革中爻為乾。貞指內卦離錯坎。）又中孚。疏云。中孚。卦名也。信發於中。謂之中孚。皆以信釋孚。是孔氏已解孚字之義。然未明孚字之用。故出此游移兩可之說。致前後矛盾。混知與信并為一談。此其一。二、孔疏土分四季之說。亦不當。土分四季。詳載於尚書洪範。逸周書小開武解五行。寶典解三信。武順解地有五行。作雒解社遺五土之類。管子五行及輕重已兩篇。呂氏春秋十二紀。義間有乖亂。但可以算數釐正。總之讀書最忌泥古。貴在正古。因古人之書有為後人所亂。如不釐而正之。猶治絲而益棼。孔氏此疏。正中不能釐正之弊。此其二。(三)孔疏引乾鑿度云。水土二行。兼信與智。其說實出乾坤鑿度。（鼂公武郡齋志以乾坤鑿度疑為宋人依託。以孔疏證之鼂說非。知孔氏疏中所引多隋以前江南義疏十有餘家之說。孔氏去華取實。此偶疏忽脫一坤字。）彼書云。運五行。先水。次木。生火。次土及金。木仁。火禮。土信。水智。金義。又萬名經曰。（名。上文出四萬形經。此作名形。名涉聲而譌。）水土兼智信。木火兼仁惠。五事天性。訓成人倫。（此二句流入唯心學說。）萬名經所謂兼字。孔氏未疏。兼。說文。并也。并當以儀禮聘禮注。猶兩也。萬名經所謂水土兼智信。以并與兩解之。猶言水是智。土是信。孔疏不解字義。以為不言土。則悖於義。此其三。邢璹注王弼周易略例下云。

元為生物之始。春也。亨為會聚於物。夏也。利為和諧品物。秋也。貞能幹濟於物。冬也。乾用此四德。以成君子大人之法也。

邢注以四時釋四德。惟王弼略例。不及孚字。王注訟彖。則三出信字。坎彖中孚彖。皆出信字。可證王弼對孚字解釋不見切實。李鼎祚曰。

夫在天成象者。乾元亨利貞也。言天運四時。以生成萬物。在地成形者。仁義禮智信也。言君法五常。以教化于人。（祖縣按，李氏此釋流入唯心論。）元為善長。故能體仁。仁主春生。東方木也。亨為嘉會。足以合禮。禮主夏養。南方火也。利為物宜。足以和義。義主秋成。西方金也。貞為事幹。以配于智。智主冬藏。北方水也。……不言信者。信主土。……土居中宮。分王四季。……

水、火、金、木。非土不載

李氏集解。提出智主冬藏。以正孔穎達不論智者之譌。史徵口訣義。分天道與五行人事三者立說。其言曰。

乾。元亨利貞者。乾。天也。天是體名。乾是用名。謂天體凝寂。非人所法。故聖人欲使人法天之用。不法天之體。故名之曰乾。而不名之為天也。若元亨利貞此四者。亦是天之四德也。天以四時之氣。春生秋殺冬寒夏暑。此四時之義。故名為天也。（祖縣按，史氏所謂四時之氣，根據自然立說，如地勢高低，氣候亦異，如我國維吾爾自治區吐魯番緯度與吉林同，西藏緯度與浙江江蘇山東諸省相同者，而氣候不同。）周氏云。（祖縣按周氏即周弘正。）元。始也。於時配春。言萬物始生。得其元始之序。發育長養。亨。通也。於時配夏。夏以通暢。合其嘉美之道。利者。義也。于時配秋。秋之成實。得其利物之宜。貞者。正也。于時配冬。

冬以物之終。納幹正之道。若以五行言之。元、木也。亨、火也。利、金也。貞、水也。土則資運四事。故不言之。祖鑾按、史氏云、土則資運四事、故不言之語病、因未解乎之義、若以人事則元為仁。亨為禮。利為義。貞為信。不言智者。謂此四事。因智而用。故乾鑿度云。水土二行。兼智兼信是也。

史氏自謂先以王注為宗。約以孔疏為理。對此分天道五行人事三者立說。較孔疏為詳。惟人事一節。全襲孔疏。未能正孔疏之譌。似史氏之學。源出孔氏。故作此曲解。孔史以後。崔憬周易探玄。今作元、避清諱改。其書雖佚。李鼎祚集錄至多。獨未及四德。惟屯之九四。小貞吉大貞凶。以貞訓正也。不是真諦。四德之說。再加五行家言。變成五德。左傳襄二十七年云。天生五材民並用之。今云四德。以五材對比之。尚缺一德。洪範曰。五曰土。是土亦五材之一。莊子在宥篇。今夫百昌。司馬注曰、百昌猶百物也、藝文類聚九十九、御覽九百十五引尚書考靈曜審也、利者昌、昌者、地之財也。皆生於土。而反乎土。言土之功用其重如此。故古人訓土。皆曰土。吐也。能吐生萬物也。說見御覽三十六引春秋元命苞、又白虎通五行、說文、釋名釋天及釋地、書禹貢鄭玄注。在易離彖曰。百穀草木麗乎土。釋文、王肅本土作地、一切經音義二十七卷、妙法蓮華經卷三、引亦作地。易出土字。僅此一見。在戰國時代。鄒衍大創五德終始之說。五行之說。具有朴素的唯物因素。實有關人民生活所需，但與易之卦辭无涉。乾元亨利貞。文言提出君子行此四德者。此陰陽家已與五行家滙合。這是受到洪範的影響。其釋元亨利貞。可列甲圖以明之。

甲圖

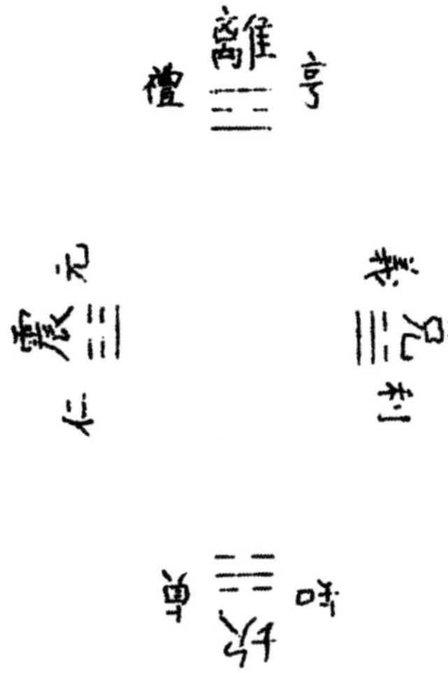

一、元 震 生成 又巽 巽用
亨 離
利 兌
貞 坎

二、元 仁 震 巽 木
亨 禮 離 火
利 金 兌 義
貞 知 坎 水

如乾卦元亨利貞。初爻四爻變巽為元。二爻五爻變離為亨。四爻上爻變兌為利。至乾卦六爻之變无坎。无坎即无貞。此貞由乾坤兩卦聯繫為☰☷否。否中爻互☴☶漸。漸中爻有坎有離漸又互☲☵未濟。未濟內卦坎為貞。外卦離為亨。（坤卦元離，坤卦之亨，亦由中爻互漸互未濟而來。）坤之元初爻四爻變震而來。坤之貞二爻五爻變坎而來。坤之利。由本卦坤與兌在生成為二七而來。又以乙圖明之。

乙圖

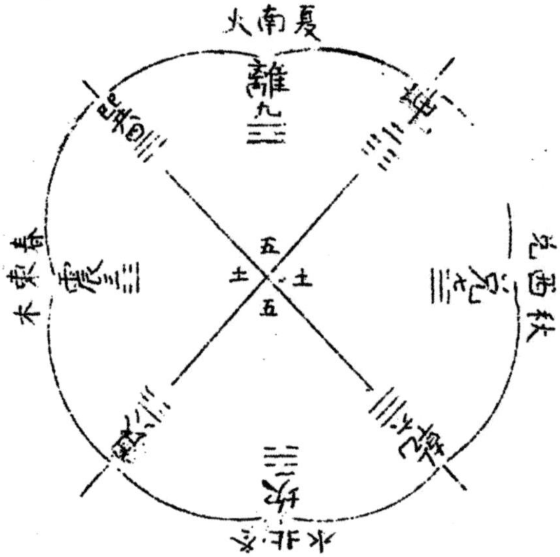

此圖。以乾巽艮坤四維為主。四正四維皆合十。離九坎一合十。震三兌七合十。此四正之位。在四維。巽四乾六合十。坤二艮八合十。此四維之位。艮至巽為春為東。巽至坤為夏為南。坤至乾為秋為西。乾至艮為冬為北。亦是元亨利貞。如此元亨利貞四字。包括更廣了。

洪範言五行。周易之四德。當時作文言者。已把五行之說。與周易相合卜筮家的周易。這時已引洪範的學說。於是元亨利貞原是卜筮家術語。轉變為儒家的思想了。

六、釋孚

由四德進為五德。列入孚字。以元亨利貞孚。即仁義禮知信。亦即是木火金水土。亦即是東南西北中。（下列表以明之。）這樣層層加入。把元亨利貞孚的說法。越說越深。已非卜官的占筮之辭了。為何又加孚字呢。學者認為孚字為幹旋元亨利貞。儒家以為若孚字未能解釋清楚。則元亨利貞四德。亦在虛无漂渺之間。王弼釋中孚彖。

中孚。柔在內（祖緜按、王弼以為四德之一、）而剛得中。（祖緜按、王弼以為四德之二、）說（祖緜按、王弼以為四德之三、）而巽。（祖緜按、王弼以為四德之四、）孚。（祖緜按、後人以說而巽續孚字為、孚自為句、不續上。）

王弼注又云。

有上四德。然後有孚。

王弼注已把四德增入孚字。作五德。柔指兑巽兩卦為陰卦言。剛指五爻得位言。說同悅。指兑。兑為下卦。巽指上卦。孚指元亨利貞四德之外。另是一德。魏晉學者。進一步闡明五德終始之說。認為極深研幾。然後能一貫周易之理。周易之卦辭爻辭。无非以元亨利貞孚統括之。而孚字尤為重要。陳壽熊易說。於乾卦元亨利貞四字。思曲盡其說。以大釋元。即不正確。陳謂爾雅說文及漢儒解易。俱未有訓元為大者。此陳氏之失言。大與元實不相涉。大是指乾卦。並非指元之一字。而陳氏竟忘卻乾彖云。大哉乾元。萬物資始。乃統天之語。因乾卦具元亨利貞四德。並非以一元字。即可統乾卦。此由解釋未能釐正所致。至孚字。在卦名中孚。餘凡七見。是元仁亨禮利義貞知。孚則為信。在國語周語云。

制義庶孚以行之。……制義庶孚信也。

韋昭解云。

孚。信也。

爾雅釋詁。

孚。信也。

易雜卦傳。

中孚。信也。

說文。

孚。卵孚也。一曰信也。

徐鍇繫傳曰。

孚。信也。鳥之乳卵。皆如其期。不失信也。鳥抱恆以爪反覆其卵也。會意。

乳為孚之孳乳。而聲不同紐。說文。人及鳥生子曰乳。人懷妊十月而生子。亦不失信。漢儒於易釋孚為信。惟信字所由來。皆未言明。虞翻釋孚。拘泥於象。不云習坎為孚。即云二爻五爻為孚。實失諸遠。然其他諸家。多不著一字。如䷄需卦。

需有孚。

虞翻曰。

孚為五。

此虞氏據坎卦習坎有孚立說。實未諦。惠棟以需有孚光為句。更失諸遠。當以光續下句。惠氏云。

坎為孚。離為光。故有孚光。

惠說未諦。原文光亨貞。亨即指離。貞即指坎。加以光字。以形容離之火。坎之水。光即坤文言。含萬物而化光之光義同。光當從干寶釋大孚為信者。即在中宮相拘絞之位。（即戊己見說文戊部）故言孚者。非錯即中爻。（亦名互卦）或為本宮之游魂。虞氏以需五爻為坎。不知需為坤宮之游魂。卦雖游魂。不離坤之宮次。故下有孚兩字。當從中爻互坤。及坤之游魂明其義。又䷅訟。

訟。有孚。

荀爽曰。陽來居二。而孚於初。故曰訟有孚。

虞翻曰。遯三之二。

干寶曰。訟。離之游魂也。

荀虞兩說。皆以二爻為主。而義則異。干寶能知訟為游魂。而下文以周發伐紂來比附。未達孚義。且以下文窒惕。窒字續上。作訟有孚窒句。誤。又䷓觀。

有孚。顒若。

馬融曰。孚。信。

虞翻云。孚。信。為五。

馬虞兩說。皆釋孚為信。惟卦辭何以出此孚字。皆未明白揭出。此據中爻立說。因觀中爻為䷖剝。剝中爻為䷁坤。中為土即戊五已十。因藉中爻為之。又以中爻之坤。以代表土。惠棟周易述申虞義。以坎為孚。是據䷜坎卦卦辭。習坎有孚而來。其義殊非。又坎卦

習坎有孚。

虞翻曰。

乾二五之坤。與離旁通。于爻觀上之二。祖縣按。凡解卦辭。不當雜以爻。習常也。祖縣按。惠棟易常為重。並云虞謂習為常。于彖義不協。故易之也。惠易重。據彖習坎重險也。孚。信。謂二五水行往來。朝宗於海。不失其時。如日月行天。故習坎為孚也。

虞說屑，此當中爻定義。坎中爻為䷚頤。頤中爻為䷁坤。說見前。又䷨

損卦。

損。有孚，元，吉，无咎。

虞翻曰。

泰初之上。損下益上。以據二陰。故有孚，元吉无咎。

虞氏謂泰初之上為䷩益。在益卦辭，虞翻注云。泰初之上。與隨旁通。李林松云。當作泰三之上。周易述補 惠棟周易述、張惠言周易虞氏義、周易虞氏消息、皆未訂正。此亦當以中爻求孚。損中爻䷗復。復中爻䷁坤。鄭玄對損卦云。

艮為山。兑為澤。互體坤。祖緜按，互坤為地。體即中爻。

鄭玄雖未解孚字。然對損卦亦以中爻立說。又䷪夬卦云。

孚。號有厲。

虞翻曰。

陽夬。陰息卦也。剛決柔。與剝旁通。……陽在二五稱孚。祖緜按，虞說非。上舉觀卦，二爻係陰爻，孚謂五也。

虞氏注剝云。陰消陽也。與夬旁通。旁通即錯。夬卦辭。孚。號有厲之孚字。當以錯求之。因剝☶☷中爻互坤。坤為土。假坤象之。即孚由錯而來。惟虞氏謂陽二五稱孚。據坎卦之習坎有孚立說。殊非。王弼注。對孚字。无肯定之見解。惟對於夬卦。乃云夬與剝反者也。（反即為錯。）立論以象剛決柔為提綱。惟於孚字。未知所指。又☱☲革云。

革已日乃孚。

卦辭元亨利貞孚具備者惟革卦。漢人馬融鄭玄宋衷虞翻皆有說。馬鄭不釋孚。宋衷雖釋孚。殊失孚義。虞翻云。

遯上之初。（祖縣按。上爻之初。初爻為☰☶遯。）與蒙旁通。（祖縣按。革消息為☶☵蒙。）離為日。孚謂坎。四動體離。（祖縣按。革四爻變為坎。為☵☲既濟。虞氏所謂坎四動體離。其實虞氏立說。譌解習坎有孚所致。）五在坎中。故已日乃孚。

虞氏仍譌讀習坎有孚而立論。如需卦需有孚。需外卦是坎。執習坎有孚。以解此卦。殊失其義。觀卦有孚顒若。觀无坎。虞氏以孚信為五來擣塞之。但終不合於理。至坎卦習坎有孚。因內外二卦皆為坎。虞氏據為典要。不知孚字之義。出於中爻。是虞氏譌讀此句。未能體會所致。至損卦无坎象。虞氏以泰初之上釋之。夬卦亦无坎象。虞氏以陽二五稱孚釋之。至此卦。已日乃孚。已字究作何解。恍忽其辭，至孚字之義。更不能達出。在易緯通卦驗曰。

故曰。八卦變象，皆在于己。

鄭玄注。以己人君也。涉論語堯曰篇。恭己正南面而已焉而議。己即戊己之己。為解釋己字之真諦。朱震漢上易傳云。（卷五革卦）

己日。先儒讀作己事之己。當讀作戊己之己。十日至庚而更。更。革也。自庚至己十日浹矣。（祖綿按。十日至庚而更。即庚辛壬癸甲乙丙丁戊己。謂之十日。）己日者。浹日也。

朱氏釋己字近是。惜對於孚字。未能明解。與朱震同時者。有李光亦以己為戊己之己。（說見讀易詳說）吳澄易纂言（下經第二）云。

天有十日。甲至戊為前五日。己至癸為後五日。變革天下之事。不當輕遽。乃能孚信於人。故以十日為率。革於未及中半之前。不若革於已過中半之後。則無輕遽之失。而能孚於人也。

吳氏釋己以為戊己之己。與朱震同。惟對於孚字。亦未有確解。何楷古周易訂詁即襲吳氏說。畧更數字而已。來知德周易集注云。

己者。信也。五性。仁義禮智信。惟信屬土。故以己言之。不言戊而言己者。離兌皆陰卦。（祖綿按。革內卦離。外卦兌。故曰皆陰卦。）故以陰言土。（祖綿按。陰土名辭。來氏失言。莊子在宥篇。今夫百昌。皆生於土。而反于土。夫土生之者為五。反之者為十。所謂反者。以己十之數。減坎一為九。減離九為一。減坤二為八。減艮八為二。減震三為七。減兌七為三。減乾六為四。減巽四為六。所謂反者。即洛書之位。陽陰相反。則離兌陰卦而陽數。）且文王圓圖。離兌中間乃坤土。故言己也。（祖綿按。此來氏據洛書方位言。）凡離火燒兌金斷裂者。惟土可接續。（祖綿按。此二句未詳所出。李時珍本草綱目八引太清法云。金稟中宮陰土之氣。熙金生之慮。豈有陰土陽土之別。）故月令于金火之間。置一中央土。（祖綿按。管子五行篇。辰戌丑未月。各有土王日。）十干丙丁戊己而後庚辛。言離火燒金。必有土。方可契孚之意。

來氏之說。雖述孚字之義。語焉靡詳。錢一本儀象管見有云。

盈中爻震為甲日。（祖綿按。震中十干有甲。）巽中爻兌為庚。（祖綿按。兌中十干有庚。巽之九五亞三。先庚三日。後庚三日。是爻中爻當為☳☱歸妹。當云巽九五中爻為庚。）坎離居天地之中。（祖綿按。錢氏此句。不合生成之理。）戊己十干之中。中土之位。土中之數。戊陽土。陽主生。坎中一陽為戊日。己陰土。陰主成。離中一陰為己日。（祖綿按。坎戊離己。錢氏以納甲立說。與生成違。）故己日乃孚。（祖綿按。此句文氣不足。）

錢氏與高攀龍。為東林社友。高氏周易孔義。對此卦云。

己日。當革之日也。上（祖綿按。上為土之譌。）者中也。土乃離之中也。

高錢二氏。皆以納甲立說。而錢氏已知中爻之用。但不明天五戊、地十己、无定位。須藉中爻與錯及游魂。此繫辭所謂曲成萬物而不遺者是。又所謂推而行之謂之通者是。至曲成推行。皆有一定之規律。漢人之說。以坎為孚。乃據坎卦習坎有孚立說。至虞翻對己日乃孚。以離納己立說。後人又加以納甲。即坎納戊、離納己立說。不知納甲。周秦諸子所未言。自魏伯陽參同契始。以明潮汐應月之理。所謂戊己。不過如代數之符號。雖潮汐應月。暗與孚合。究非周易孚字之義。至己為戊己之己。清人治易者。咸遵守之。毛奇齡釋革之六二。己日乃革之亦云。庚者更革之義。先於庚者己也。庚欲革必先之己日。而乃可以革。亦以己為戊己之己。如胡安世(大易則通)、歸起先(易闡)、李光地(李纂折中、特加按語以己日乃孚。常守李光、朱震說、)徐在漢(易或藝錢一本語、)胡煦(周易函書)沈起元(周易孔義集說、)任啟運(周易洗心、)惠棟(周易述、)包彬(易玩、)楊以迴(周易通解、)端木國瑚(周易指、)陳夢鼒(槎溪學易、)陳㵀冠(周易象義集成、)鄭本玉(周易辨要淺說、)暨先子(周易解)等。皆以己為戊己之己立論。各有發揮。惜泥於坎為孚。進一步以離為孚。姚配中(周易姚氏學、)以游移不可捉摸之辭出之。黎世序(河上易注、)以己為己土。又創異議云。

凡人自稱曰己。顏淵問仁。亦曰克己復禮。其皆指離中之己土耶。祖緜按離中己土出納甲。對孚字不能貫通。離之有己。陰也。人之有己。私也。克去陰私。天下歸仁矣。

黎氏此論更為不經。革具元亨利貞。下加悔亡二字。因革中爻☰☴姤。姤中爻☰☰乾。乾錯☷☷坤。坤為土。土為信。即是信。若以坎卦習坎有孚以解孚字。則未明章句。

自漢以來。解孚為信。若以坎卦之習坎有孚句以概孚字。乃是養其一指而失其肩背。今舉卦辭有孚如下。

需……有孚。

訟……有孚。

觀……有孚。顒若。

坎……有孚。

損……有孚。

右五卦皆出有孚二字。乾鑿度及孔穎達正義。以加孚為五德。來知德又特別揭出有字。諸家訓詁。咸所未及。此有字與繫辭易有太極之有相同。凡卦辭對元亨利貞四字。元无覲字。亨則有光亨小亨。利則有小利不利。貞則有艱貞永貞女貞君子貞。孚字與元相同。經傳釋有字。春秋隱公十有一年干寶曰十盈則更始。以奇從盈數。故言有也。孔穎達左傳正義引、疑干氏春秋左傳函傳義文。惜干氏周易注已佚。對於有孚集解僅引訟有孚一解。未出有字。又引夬孚號有厲一解。以剛決柔立說。又引革彖已日乃孚。革而信之。謂天命已至之日也。以己作巳解。至解孚字皆為信。計九二象、九二之孚、井上六、有孚元吉、及本卦九四、有孚改命吉、未濟六五有孚吉、皆以信釋孚、有字未釋、近人以孚釋俘、以卜辭及金文解之。以卦名孚字者。為中孚。序卦云。

節而信之。祖緜按節在中孚之前。故受之以中孚。

雜卦傳曰。

中孚。信也。

據序卦雜卦。中孚之孚。以信釋之。則无可疑。自漢以來。釋中孚者。鄭玄曰。

孚。信也。

又陸績曰。

中孚。信也。

鄭陸二氏之說。是據序卦雜卦。虞翻曰。訟。四之初也。祖縣按。䷼中孚。訟初之四。為䷅每訟。以訟有孚釋中孚。推訟非辟卦。不當爲訟初之四。虞氏主十二辟卦之說。與此不類。坎孚象。在中謂二也。祖縣按。坎陽爻居二爻。故曰在中。故稱中孚。虞說仍以坎卦有孚立說。似未得中孚之旨。史徵口訣義。惜全文缺佚。致不能考訂。惠棟周易述。至革未竟而卒。江藩補之以鄭玄爻辰。李松林補之以虞翻說。此治漢易之大概。治宋者以程傳為主。明來知德依傳成文。高攀龍亦同。清人釋此者。大率以虞注程傳為依歸。義有多家。莫衷一是。杭辛齋易楔云。

舊說。孚。信也。坎為信。凡卦言孚者。皆指坎。似是而實非也。祖縣按。舊說以坎為信。蓋習坎有孚而爲。坎為水屬知。不是似是當刪。孚果指坎。何以中孚无坎象。孚固有信之一義。然信字不以盡孚也。祖縣按。孚賁信一義。孚从爪。从子。象鳥以爪抱子。爪子以象抱卵。有化育之意。祖縣按。化育兩字。出禮記中庸。在易惟乾坤兩卦。乾資始。坤資生。即是化育。中孚卦象。實以巽五。兌十。祖縣按。巽五兌十。未詳。易楔論卦名說。同巽在河圖。次第居五。杭氏據此為數。非是。又杭氏易數偶得。其五六則云。中孚巽上兌下。先天兌居巽位。皆辰五己六之位。然合兌十。亦不符。又杭氏學易筆談初集論中孚亦曰巽五兌十。乃五十。五數之中。於五行為土。土主化物。故曰中孚。其曰有孚者。祖縣按中孚不出有孚、有、謂大有。火天大有。離也。祖緜按、杭氏以大有釋有孚、未諦、大有不獨卦名古人以品物咸亨為大有、春秋宣十六年經、大有年、左傳昭五年、大有巡功、孚則指坎。坎離居南北之位。合乾坤之中。維中能孚。故曰有孚有則大。孚則化。有孚者。即中庸所謂大德敦化也。凡易之道。一陰一陽。必陽孚於陰。而陰孚於陽。而後陰陽和。而成化育之功。（下畧）

杭氏對於中孚。用力多而成功少。漢儒因中孚為艮卦之游魂。又中爻為☶☳頤。頤中爻☷☷坤。凡中爻之土。非真坤土。假借坤為之。故卦名中孚。說文。中。和也。白虎通。五行。中、和也。和與生成之義合。今之治易者。以甲骨文未發現孚字。即以俘字實之。周易對俘獲他族之人。則用係字。孟子梁惠王篇。係累其子弟。淮南子本經訓。係人之子女。皆指俘虜。

以上所述。對於孚字。已有初步的認識。惟姤初六。羸豕孚蹢躅。這孚字是零一義。王弼注。孚猶務躁也。躁正字為趮。禮記月令。處必掩身毋躁。注、躁、動也。義欠明顯。孚為捊之假。羸豕。謂牝豕也。捊。謂引取也。玉篇引取作聚言牝豕遇牡豕。其狀如此。總之。周易卦辭舉元亨利貞四字。孚字。漢之學者。以五行之說解之。茲列表以明之。（惟子夏傳等義膚。故不列。）

四德（增孚德）	元	亨	利	貞	孚
五行	木	火	金	水	土
四時	春	夏	秋	冬	辰戌丑未月四季土王
方位	東	南	西	北	中
十日	甲乙	丙丁	庚辛	壬癸	戊己
五味	酸	苦	辛	鹹	甘
五音	角	徵	商	羽	宮
五數	八	九	七	六	五
生成	三八	四九	二七	一六	五十
五藏	肝	脾	肺	腎	心

五德之義隱增。如益彖木道乃行，乾文言火就燥，鼎六五鼎黃耳金鉉，乾文言水就溼，離彖百穀草木麗乎土之類。又詳左傳昭十七年服虔注，見上引乾鑿度孔穎達邢璹李鼎祚史徵五家說。

如坤卦東南得朋，西北喪朋之類，詳說卦傳。

如蠱卦辭，先甲三日，巽九五，後庚三日，革卦辭，己日乃革。

據洪範列入，節卦辭爻辭有甘節苦節。

據禮記樂記列入，如醫書靈樞陰陽二十八篇之類。

據月令等列入，惟原文有譌，从數訂正。

仝上，即繫辭天一地二章。

據素問列入。

五色　青　赤　白　黑　黃　　據月令素問列入易說殊多。

五性　仁　禮　義　智　信　　五性是對人說見上。

五事　言口　視目　聽耳　貌容　思心　　據洪範補。

易學者言五事至多層層加深。无所不包。右列十三行。僅其大畧而已。總之。元亨利貞。真諦未明。而五德之說。歷代遞增。層層加深。愈說愈遠。已非原始元亨利貞、孚五字的真諦。但歷代以易理配合各家（如五行家）學說。滙為大宗。這是把卜筮家的周易。別樹新義。成為哲學家言。非分別疏通。則易理難明。今乃集諸家之說。疏通辨證云爾。

第十一章 周易新論 二

七、卦象探原

卦爻辭出於卜官之手。卜官定辭的時候。斷卦之象。有「有攸往」「无攸往」之類。斷卦的結果。為「吉」「凶」。這些都是卜官們的術語。卜官所作繇辭。是據象來斷的。卦爻辭係卜筮尚占的資料。參考左傳國語所載筮辭。就能明白卜官據象下斷辭的。斷辭的方法。如能考定這樣六十四卦的規律。才能探索。茲探索如下。

一、虞翻頤卦注云。與乾坤坎離大過小過中孚同義。虞氏以頤與乾坤等八卦同義。即指上下二卦連續。其例是也。疑虞據孟喜家法。惜泥於卦變。未能一一闡明。

二、周易六十四卦。上下兩卦連續的卦。是乾、坤、坎、離、頤、大過、中孚、小過八個卦。其他五十六卦。都藉此八個卦的衝突的功用來斷的不連續則六十四卦一一隔離，不能錯綜。不會發生變化的。

三、沖突的規律。是卦與卦中間的聯系。乾、坤、坎、離、頤、大過、中孚、小過八個卦。有一定的聯系過程。乾、坤、坎、離四個卦。用否、泰、既濟、未濟四個卦作為聯系。頤、大過、中孚、小過四個卦。用歸妹、蠱、漸、隨四個卦作為聯系的。凡游魂的卦。就用歸魂作為聯系的。

四、沖突以后。就發生變化。這一定要用受之以的規則。序卦傳處處說明受之以的規律。但是受之以的規律。是兩兩相對。就是上下兩卦。受之以下面的兩卦。這樣才能矛盾統一。无窮變化。

這些規律。主要以乾卦為主的。現在把六十四卦的組織根據上述的條例一一探索如下。

1 乾 ䷀

2 坤 ䷁

兩卦各自獨立。不能相續。　其聯系為 ䷋ 否。為乾宮三世之卦。

相錯　乾錯坤 ䷁　坤錯乾 ䷀

世位則同。而陰陽相反。此一定之例。

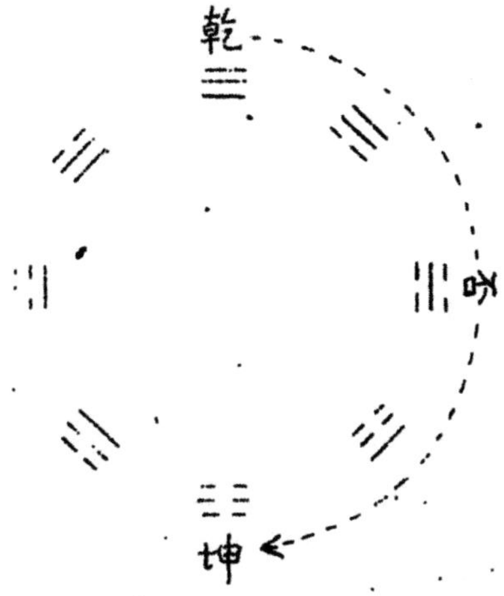

周易尚變。所謂變者。是據六爻之變而言。乾、坤、坎、離、震、艮、巽、兌、京房所謂八純卦。亦即本宮卦本宮（之義。即乾在乾宮、坤在坤宮、坎離以下類推。）之上世卦。繫辭因而重之。言三畫之卦。其卦名已立。如☰乾☷坤（乾父、坤母。）☳震☴巽（震長男、巽長女。）☵坎☲離（坎中男、離中女。）☶艮☱兌（艮少男、兌少女。）三畫成卦後。當三而重之。乃為六畫之卦。如三畫之乾。重之為☰☰乾。三畫之坤。重之為☷☷坤。卜宮所作的卦辭爻辭。是根據這個規則的。

乾坤☰☰☷☷上下兩卦不是相續。但是可聯系的。如乾☰☰☷☷（否）則聯系為☰☷否。以坤外卦乾內卦順讀之是也。為泰。以坤內卦乾外卦倒讀之是也。否泰者乾坤之半。漢儒謂之三世卦。凡三世之卦。即為三畫之位。是未因而重之之卦。始乾終坤。乾至坤適六十四卦。而乾坤是錯。因錯而合兩卦三百六十策。

乾坤卦辭。

乾　元、亨、利、貞、

坤　元、亨、利、句、牝馬之貞。君子有攸往。先迷後得。主利。西南得朋。
東北喪朋。安貞吉。

卦辭裡的元、亨、利、貞。是卜筮家術語。卜官定辭的方法。是根據六爻的變化。然後下辭的。怎樣的變化。卜官下元亨利貞的術語呢。方法是不可深教了。从文言傳的作者和漢儒來說。把陰陽家和五行家諸說。糾纏在一起。他們的說法是這樣的。乾的初九。九四變巽。巽為木。是元。九二、九五變離。離為火。是亨。九三、上九變兌。兌為金。是利。但是貞是水。乾无水。所以沒有貞。坤的初六、六四變震。震為木。是元。六二、六五變坎。坎為水。是貞。坤无火。因此无亨。坤又无金。因此又无利。這樣以五行立說。細析就缺點很多了。由此證之。陰陽家和五行家的學說。原來是不同的。戰國至漢。才混為一了。乾无貞。坤无亨利。究竟如何解釋呢。以漢學家法考之。先言乾坤六爻之變。

爻變周易序

初九　姤

九二　同人

姤夬序

同人大有序

初六　復

六二　師

爻變周易序

復剝序

師比序

謙豫序

乾坤兩卦橫圖序的對比

乾

九三 ䷉ 履
九四 ䷈ 小畜
九五 ䷍ 大有
上九 ䷪ 夬

履小畜序
以上言周易之序、凡爻變相錯之卦、世位相同。

坤

六三 ䷎ 謙
六四 ䷏ 豫
六五 ䷇ 比
上六 ䷖ 剝

夬剝序
大有比序
小畜豫序
履謙序
同人師序
姤復序

以乾坤之變演之。則卦辭裡的元亨利貞四字。究作何解呢。余友程耿人(金華)解乾无貞坤无亨利曰。

以上下兩卦言之。乾之貞。在師之坤爻六二。比之六五。坤之亨。又在同人乾九二。大有九五。

程君據余上列乾坤兩卦之變立說。粗讀之似然。細推演之。立說亦非。因卦之元亨利貞。如上列乾卦之變。初九姤九四小畜。由乾變巽。巽為木可以元字擬議之。九二同人九五大有。由乾變離。離為火可以亨字擬議之。九三履上九夬。由乾變兌。可以利字擬議之。缺一貞字。以坤卦六二之師。六五之比。以坤宮之之變。以湊合乾卦之貞。未免太形周折。在乾宮硬湊元亨利貞。而坤宮萬不能湊合。坤初六復。六四豫。由坤變震。震為木可以元字擬議之。六二師六五比。由坤變坎。坎為水可以貞字擬議之。至六三謙上六剝。由坤變艮。艮者河圖四隅之位。河圖有次第而无數。強以洛書言之。艮數八。生成之數三八為朋。八亦為木。則木重出。萬不能湊合。或曰。坤之利由生成而來。坤數二。兑數七。二七同道。據本卦立說。如是則可得利。若謂讀洪範二七為火，仍少利德。演時當知洪範之二字是言次第，但是乾卦仍少貞。坤卦仍少亨。說亦非是。漢儒進以貞為坎。亨為離。洛書之坎離。由河圖之乾坤而來。未濟能續乾坤。凡中爻三互必成乾坤既濟未濟四卦。乃知乾无貞。坤无亨。貞亨能續乾坤之未濟。未濟內卦之坎為貞。外卦之離為亨。中爻之功用如此。至於宋儒解釋。更玄之又玄了。乾坤之元亨利貞之運用。分析如上。至乾之爻辭。乃言乾道之變化。初九潛龍勿用。係龍用叶。九二見龍在田。利見大人。田人叶。九五飛龍在天。利見大人。天人叶。此為爻辭之韻文。上九亢龍有悔。在象云。亢龍有悔。盈不可久也。文言曰。亢龍有悔。窮之災也。乃指能變則久。繫辭易窮則變，變則通，通則久立說。乾卦六爻。初九九二九五上九四爻。皆言龍。沈麟士曰。龍。假象也。天地之氣有升降。祖縣按，天地升降，即是消息，升降襲荀爽說而謅。君子之道有行藏。龍之為物。能飛能潛。故借龍比君子之德。

沈氏之說。龍假象也。這句是正確的。假象即變化。以上下讀之。如乾錯坤。坤錯乾。即是變。消息亦係變。其變以位為規律。不言位。則變失去規律。借龍比君子之德。這是封建思想。有局限性的。

坤之六爻。皆言古時男女未制衣裳。裸體之象。故繫辭云。黃帝神農堯舜垂衣裳而天下治。蓋取諸乾坤。是為明證。說卦傳不舉衣裳。因為說卦傳的作者。其時衣裳早已發明。可證說卦傳時代已晚。裸。說文作羸。坤卦初六履霜。言天寒霜降。不可無裳。六二直方。以直方大句。非是大字獨立。禮記深衣。曲袷如矩以應方。負繩及踝以應直。負繩方者。以直其政方之義也。故易曰。坤六二之動。直以方也。以直方為句。是明證。且合坤為裳之義。六二含章。含指女子之陰戶。章指蔽陰戶之物。淮南子精神訓。而障之以手也。注。蔽與章障古通用。六四括囊。古未發明衣裳時。以樹葉蔽之之類。六五黃裳。六五不獨發明下裳。且知尚色采。上六玄黃。六爻皆叶。若以直方大為句。是失其韻。當以直方句。大句。於義始合。凡卦之三百八十四爻。皆同此推。如乾之六爻之變。為姤同人履小畜大有夬六爻。此則用九。在姤同人等六卦的之變。則用六。坤六爻之變。復師謙豫比剝六爻此則用六。在復師等六卦則用九凡卦皆如此推。

3 屯䷂二坎

4 蒙䷃四離

兩卦連續䷽小過。

小過中爻互大過䷛。

大過中爻互䷀乾。

相錯

鼎䷱二離

革䷰四坎

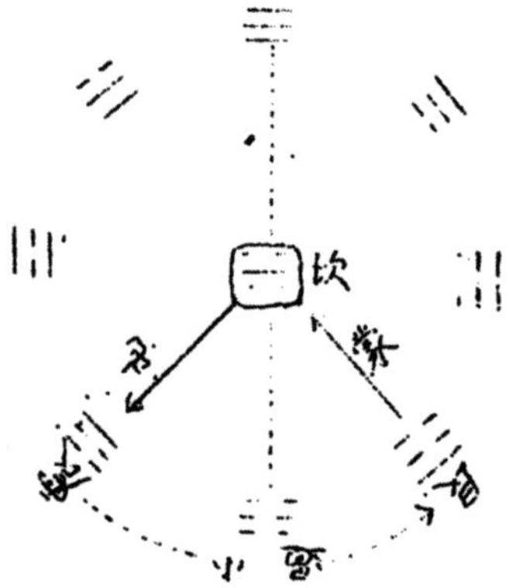

坎二離四為六。兩卦之組織在坎。當以坎為主。凡遇坎離兩卦連繫之卦。當作弧形。觀坎加震上為屯。艮加坎上為蒙。屯蒙連系之小過。並非以意為之。乃有式可循。上下兩卦連續。屯䷂(小過)蒙。反之頤於蒙屯。則蒙居屯上。為䷚(頤)(坎)。以屯蒙兩卦例之。當以屯居蒙上為原則。若蒙居屯上。則犯倒置之非。下類從此當取小過與坎。以下各卦同此。

屯蒙者。為坎交坤之旁宮震艮。坎震交為屯。艮坎交為蒙。屯中爻互䷖剝。剝窮上而反下。序卦文、乾爻變至剝。陽氣將盡。即所謂陽剛不振是。蒙中爻互䷗復。復也者。是陽復。即陰始出柔而為剛。故屯蒙之理。相互即剝復之道。剝復中爻皆互䷁坤。坤在屯蒙之前。藉此一互。故坤能與屯蒙連續。而使屯蒙為續坤之卦。上下一貫。在屯蒙兩卦連續之䷽小過。小過中爻互䷛大過。大過中爻互䷀乾。乾錯坤。乾坤即為屯蒙之前兩卦。此乾坤能受之以屯蒙。（受之以三字、為序卦一個名詞、序卦傳以一卦相受立說、疑非、當以上下兩卦為一組。）以卦位推坤受之以之法。䷂屯。屯卦兩陽爻。初爻三十二位。變陰。除本卦。隔三十二位為比。五爻二位。比二位為坤。屯卦四陰爻。六二爻十六位。除本位。隔十六位為節。六三爻八位。除本位節。隔八位為需。六四爻四位。隔四位為夬。上六爻一位。夬隔一位為乾。蒙如屯推之。此亦乾卦受之以之一例。或曰。視屯蒙兩卦之圖。坎艮交為䷦蹇。震坎交為䷧解。似與屯蒙兩卦相同。何以不用蹇解而用屯蒙。答曰。不用蹇解者。因蹇為兌宮四世卦。解為震宮二世卦。與坎離同為四正之卦。故不能連續乾坤。因以宮世為主。四正之卦。不能引入四隅，據為與要。又屯蒙相錯為䷱鼎，為䷰革，鼎革亦坎離。鼎離二世、革坎四世，不以革鼎繼乾坤者。因數施尚未行。且應先坎後離。而鼎革兩卦未得其序不得以鼎為離二世、革為坎四世。又不得以世位相同而為例。至屯蒙的卦辭。

屯，元亨利貞。勿用有攸往。利建侯。

蒙，亨。匪我求童蒙。童蒙求我。初筮吉。再三瀆。瀆則不告。利貞。

屯言元亨利貞。由剝復中爻互坤。小過中爻互乾而來。有攸往即據連續而言。坤之卦辭君子有攸往。此則襯以勿用二字。是言不必有所往。其意尚非其時。因屯中爻互艮。說卦傳序卦傳及雜卦傳皆云艮止也。止即勿用。利建侯之利。重言利字。卜官其義如此。虞翻注震為侯。初剛難拔。故利以建侯。老子曰。善建者不拔。虞以震為侯是也。釋建字膚。此建字亦由中爻互艮立義。艮為手建之象。重言利者因小過中爻互兌而言。王弼注得主則定承坤卦先迷後得主利句而立義。是王氏已知屯蒙受之以乾坤之理。蒙言亨因蒙為離四世卦。離為火是亨。利亦指小過中爻互兌言。貞指內卦坎。繫辭以易之興也。其當殷之末世。周之盛德邪。當文王與紂之事邪。卜官作卦辭。以屯蒙兩卦卦辭證之。殷周並列。書、武成、至於大王。肇基王迹。詩、大雅、皇矣。詢爾仇方。又湯文王曰咨咨。汝殷商者七出。論語泰伯篇。三分天下有其二。以服事殷。周之德。其可謂至德也已矣。紂之於姬昌。不過以名義羈縻之而已。故屯之卦辭。言雖有四德。勿用有攸往。即不進。蒙之卦辭。是指姬昌對紂而言。童蒙即指紂。匪我求童蒙。是說姬昌不去就紂。童蒙求我。是說紂來求我。童蒙一個名詞。後之解者。以彖蒙以養正聖功也句。如鄭玄輩多泥師之教授弟子立說。義恐不合。蒙爾雅釋言。奄也。尚書洪範偽孔傳云。蒙、陰闇也。序卦傳云。物生必蒙。蒙者蒙也。物之稺也。方言二、稺小也。以蒙廣其義。為奄為陰闇為稺。在殷周之際。其人具此三者。惟紂足以當之。鄭玄注。以童蒙求為弟子。荀爽於六五。童蒙吉。以有似成王任周召。陸績注京房易傳。六五陰爻在蒙暗。又體艮少男。故曰童蒙。陸績注京氏易傳、皆以為偽書、惟此說實可采、不敢以人云偽而不采、虞翻注據彖蒙以養正立說。王弼注。夫明莫若聖。昧莫若蒙。蒙以養正乃聖功也。又云闇者求明。明者不諮於闇。故蒙之為義也。干寶注云、寄成王之遭周公、干說乃襲荀爽又修改荀說更失詞、把以上六家說一一研究之。知蒙字的解說。當取陸績王弼二家為是。其他四說。未敢附和。則童蒙二字。指紂无疑。卦辭初筮告。古人釋筮字義有不同。余獨采廣韻十三祭。筮云。龜曰卜。蓍曰筮。巫咸作筮。筮、決也。陸法言說簡而明。左傳桓三年。卜以決疑。不疑何卜。左傳言卜之義如此。然筮亦決疑。廣韻云決。義可通。此與比原筮元永貞无咎。同一論調。因古代人民知識未開。凡遇疑難之事。惟卜筮是從。說見洪範。定其然否。雖王充論衡卜筮篇力詆其非。人們終不能破除者。囿於舊俗耳。再三瀆。瀆則不告。即禮記曲禮卜筮不過三之旨。至比卦原筮之原字。漢人亦未解釋。清代治漢學者。以周禮宗伯大卜掌三兆之法。三曰原兆之原解之實謬。三兆之法。是卜不是筮。原。爾雅釋言。再也。漢書禮樂志注。原重也。言初筮後。復再筮重筮。屯之上九。小貞吉。大貞凶。此貞字非元亨利貞之貞。當作問解。周禮小宗伯。又大卜。凡國之大貞。卜立君卜大卦。注鄭司農云。貞問也。卦辭既明。乃言兩卦爻之之變。

初九 比

六二 節

初六 損

九二 剝

上下兩卦爻變序

比師序

屯
六三 ䷾ 既濟
六四 ䷐ 隨
六五 ䷗ 復
上六 ䷩ 益

蒙
九三 ䷑ 蠱
九四 ䷿ 未濟
九五 ䷺ 渙
上九 ䷆ 師

既濟未濟序
隨蠱序
復剝序
益損序

屯蒙兩卦之之變。與乾坤兩卦不同。

5 需 ䷄ 游坤
6 訟 ䷅ 游離

兩卦連續☰☰乾

相錯
晉 ䷢ 游乾
明夷 ䷣ 游坎

上下兩卦連續需 ䷄ 乾 坎 ䷅ 訟

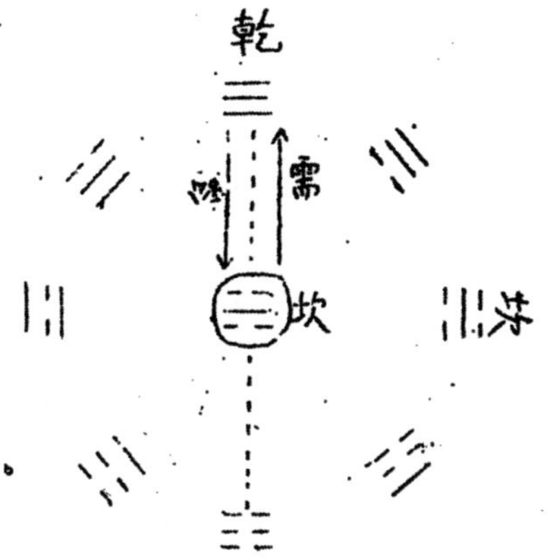

坎交乾為需。乾交坎為訟。需為坤之游魂。連續之卦為乾。乾坤序。訟為離之游魂。上下兩卦連續為坎。坎離序。此雜物撰德之例。需中爻互 ䷥ 睽。睽又互 ䷾ 既濟。訟中爻互 ䷤ 家人。家人又互 ䷿ 未濟。既濟未濟屬坎離。屯之六三為既濟。蒙之六四為未濟。見上屯蒙爻變表。易以三四兩爻為人道。始見於李氏集解引崔憬周易探玄說。崔憬解兼三才而兩之。故六。六者非它者。三才之道也云。

言重卦六爻。亦天地人道。兩爻為一才。六爻為三才。則是兼三才而兩之。故六爻者。即三才之道也。

集解又引陸績六爻之動。三極之道也。與崔氏各有用法。陸說云。

天有陰陽二氣。地有剛柔二性。人有仁義二行。祖縣按：行字費解。六爻之動。法乎此也。此三才。極至之道也。初四下極。二五中極。三上上極也。

陸氏之說。以乾坤屯蒙四卦之爻變觀之。其說似不能成立。至崔氏之說。以乾坤兩卦爻例之。初上序為地天。二五序亦為地天。三四序為人。在屯蒙兩卦爻例之。屯初蒙上序。屯二蒙五序。屯三蒙四序。屯四蒙三序。屯五蒙二序。屯上蒙初序。其說有緒可尋也。

屯蒙能受之以需訟者。以屯之三爻。蒙之四爻。變為既濟未濟。故以需訟續屯蒙。需之外卦坎☵。訟之內卦亦為坎☵。連續為六畫卦䷜。習坎而兩卦連續為乾。猶天乾降雨露。坎雨露皆水。而萬物生。物生則人類有所需。但卦屬游魂。凡游魂之卦。脫離本宮。飄泊無根之卦。若能盡人之力。方能以水火為人生之所需。孟子有言。民非水火不生活。盡心篇兩卦似之。人類生活有所需則无訟。否則訟興。訟即鬭爭。非鬭爭則不能生存。其卦辭。

需、有孚光亨。貞吉。利涉大川。

訟、有孚。窒、惕、中吉。終凶。利見大人。不利涉大川。

需訟兩卦。言吉言凶。乃卜筮之斷語。光亨指離言。因需中爻互離。虞翻云。離日有光。釋光亨是貞指外卦。坎言。利指中爻互兌言。彖言險言陷。指坎言。說卦傳、坎、陷也。大川為坎。險而陷。不能利涉。繫辭所謂刳木為舟剡木為楫。舟楫之利。以濟不通。致遠以利天下。蓋取諸䷺渙。以對比之。今需訟兩卦之連續。為䷜習坎。以渙例習坎。不過上爻不同。習坎中爻互震。震為木。制今作製、繫辭以制器者尚象作制、為舟楫。以涉大川。窒、馬鄭作咥。馬云、咥、猶止也。虞翻云。窒、塞止也。朱熹云。窒、塞也。說文、窒、塞也。訓塞為止。塞亦止意。因兩卦連續為習坎。習坎中爻互為艮。艮、說卦傳云。止也。干寶曰。訟、離之游魂也。離為戈兵。說卦傳文、此天氣將刑殺。刑殺、指坎、為北方之卦、聖人將用師之卦也。干氏立說。身際五胡亂華之時。以傷晉室刑殺失當而言。中吉、中指中爻。因訟中爻互䷤家人。一家之人。合力以訟。故曰中吉。終凶指☵☵習坎。坎陷也。故凶。終。在訟卦卦辭出終凶。爻辭初六終吉。六三終吉。上九終朝。惟上九虞氏注云。坤為終。以坤為終。易卦辭爻辭出終字殊多。虞氏皆以坤為終立說。其初難知。其上易知。本末也。初辭擬之。卒成之終。韓康伯注曰。初者數之始。上者卦之終。說最簡要。所謂上者。當分為三種。(一)上爻為上。(二)外卦為上。(三)內卦之變與外卦相應。亦得謂之上。如本卦六三終吉。小象曰。食舊德。從上吉也。是其例。訟字之義。王肅云。以訟成功者。終必凶也。其解一。論語公冶長篇。已矣乎。吾未見能見其過而內自訟者也。自訟。可以改過遷善。亦是以訟成功。未見有凶。其解二。利見大人。利指上下兩卦之連續有兌。兌是利。又有離。離為目。目能視。是見。大人指連續之卦為乾。不利涉大川。習坎中爻互艮。艮止也。故曰不。不利涉。指習坎卦象。習坎即重險。无兌象。故曰不利涉。下言爻變。

上下兩卦爻變序

初六☷☳復
九二☰☷否

初九☵☴井
九二☵☲既濟

井困序
既濟未濟序

需
- 九三 ䷻ 節
- 六四 ䷪ 夬
- 九五 ䷊ 泰
- 上六 ䷈ 小畜

訟
- 六三 ䷫ 姤
- 九四 ䷺ 渙
- 九五 ䷿ 未濟
- 上九 ䷮ 困

節渙序
夬姤序
泰否序
小畜履序
需。九三與六四、不變之爻、以不變者錯讀之為需。訟。六二與九四之爻、以不變者六爻錯讀之為訟。皆屬本卦。下不舉。

屯蒙能受之以需訟者。以屯之六三既濟。二爻變為需。蒙之六四未濟。五爻變為訟。因二與五。三與四。皆相連續。故繼屯蒙。

7 師 ䷆ 歸坎

8 比 ䷇ 歸坤

兩卦連續 ䷜ 坎　中爻 ䷚ 頤　頤中爻 ䷁ 坤　相錯 同人 ䷌ 大有 ䷍ 歸離 歸乾

上下兩卦連續為師 ䷆ 比 ䷇（坎　坤）　上需訟兩卦。上下兩卦連續為乾坎。

陰陽不和。故為游魂。此則為坤坎。陰陽和。故為歸魂。

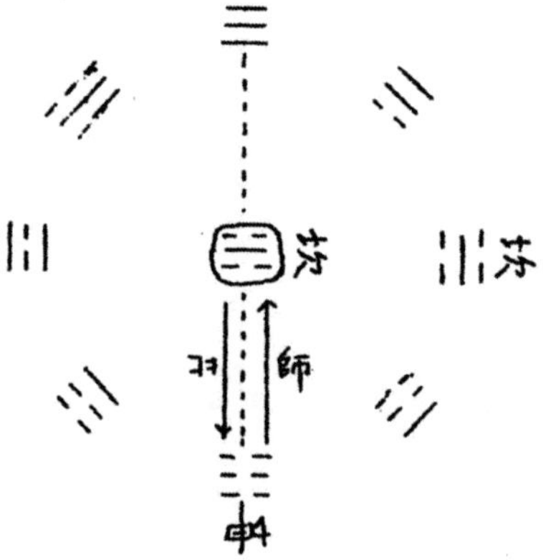

坤交坎為師。坎交坤為比。訟不勝。可受之以師。需不進。可受之以比。其卦辭。

師。貞。丈人吉。无咎。

比。吉。原筮。元永貞。无咎。不寧方來。後夫凶。

師貞。言師卦內卦坎。坎水為貞。丈人二字。以周禮司馬政官之職。已有闕文。不可考。至漢儒改大人。（改大人。係子夏傳。其說不足據。）與卦理坤坎成卦之理。悖矣。坤坎同位。是為合度。讀孟子曹交問一節。（孟子告子篇語。）知古人于身度審辨頗詳。曹交言文王十尺。坎中有癸。癸數十。（十干之數終於癸。）十尺為丈。丈人以身度之長。喻德能長人者也。言訟不勝。可繼之以師。

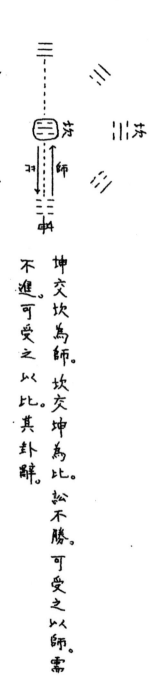

比。原筮說見前。元因師比兩卦連續處為☳震。震為木。故曰元。貞為比外卦之坎。不甯方來者。坎為險。即不甯。坤為地。即方。後即坎居坤位。凶即坤土克坎水。故凶。至爻辭。初六有它吉。它古蛇字。大象言以建萬國。建國之區。必擇水草豐盛之地。水草能容它。次言兩卦爻變。

師

初六	九二	六三	六四	六五	上六
䷒ 臨	䷁ 坤	䷭ 升	䷧ 解	䷜ 坎	䷃ 蒙

比

初六	六二	六三	六四	九五	上六
䷂ 屯	䷜ 坎	䷦ 蹇	䷬ 萃	䷁ 坤	䷓ 觀

上下兩卦爻變序
臨觀序
坤自序
升萃序
解蹇序
坎自序
屯蒙序

師比兩卦六爻之之變。與他卦異。故師之九二六五坤坎。比之六二九五亦提出坤坎。坤坎同人大有兩卦之之變。與師比同。而隨蠱漸歸妹四卦則不同。至師比能受之以需訟者。以錯為之。此錯即兩卦連續之乾。師用外卦坤。錯則為乾。即為䷅訟。此用內卦坤。錯則為乾。即為䷄需。故續需訟。

9 小畜䷈ㅤ一巽
10 履䷉ㅤ五艮

兩卦連續䷀乾　相錯　豫䷏一震　謙䷎五兑

上下兩卦連續　小畜䷈　乾　中孚　履䷉

乾之旁宮。東為兑。西為巽。巽乾為小畜。乾兑為履。小畜中爻互䷥睽。睽中爻又互䷾既濟。履中爻互䷤家人。家人中爻又互䷿未濟。小畜履之中爻與需訟同。此四卦爻雖不同而中爻則同。是非之辨。則居可知。繫辭文其卦辭。

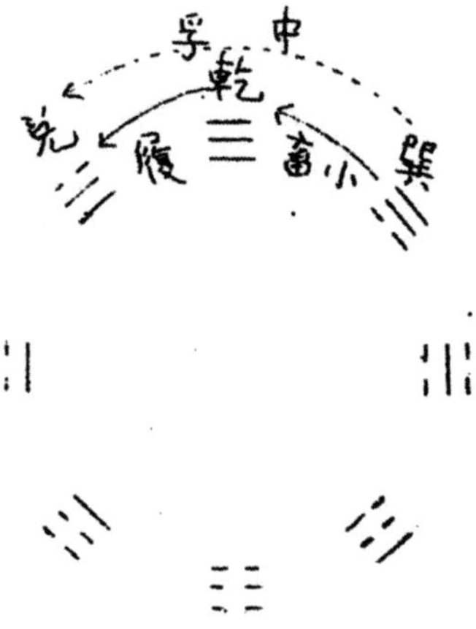

小畜。亨。密雲不雨。自我西郊。

履虎尾。不咥人。亨。

小畜。亨。指中爻互離。離為火。故曰亨。履亦言亨。亦指中爻互離言。據繫辭殷周之事。小畜密雲不雨。周地在殷西。故曰西郊。是指姬昌而言。據史記殷本紀語。周本紀。作西伯陰行善。歸程之後。伐崇。伐莒。伐昆夷。即為小畜之象。履指紂之暴虐。故以咥人喻之。漢以來諸家注釋。王弼解密雲不雨。繫結上九既雨既處立說。因上九☱巽。巽變☵坎。坎為水。為雨。風散則致雨。荀子大略篇。易曰復自道。何其咎。春秋賢穆王。以為能變也。荀況亦以爻作變論履彖說而應乎乾。注云。不以說行夫佞邪。而以說應乎乾。宜其履虎尾不咥而亨。因履之內卦為☱兌。說卦傳曰兌正秋也。萬物之所說也。故曰說言乎兌。又曰。兌說也。古說悅義通。又曰。兌為口舌。惟諸家釋虎尾。義不一。九家易曰。虎尾謂三也。其說可采。三為兌。惜下說未純。先子易解卷二履卦云。獸爻曰尾。虎尾。非虎之尾。乃虎爻尾也。……兌至柔也。乾至剛也。虎性猛。故剛。然在爻尾時則至柔。與九家易說相同。又與王弼之說亦合。乃言爻變。

小畜

初九	巽
九二	家人
九三	中孚
六四	乾
九五	大畜
上九	需

履

初九	訟
九二	无妄
六三	乾
九四	中孚
九五	睽
上九	兌

上下兩卦爻變
巽兌序
家人睽序
中孚自序
乾自序
大畜无妄序
需訟序

小畜履兩卦上下連續為䷼䷀（中孚、乾）。即小畜之九三與六四。履之六三與九四。未變之爻連續師比兩卦用錯。乾錯坤兩卦爻中互離。離錯坎與師比兩卦連續為䷁䷜（坤、坎）可通。爻位不同者。因宮次不同之故。

師比兩卦受之以小畜履者。亦用錯䷆師。即乾與中孚上下卦聯繫處為䷌同人。同人與師錯。（視師比上下兩卦連續之圖、）又上下卦聯繫處為䷍大有。大有與比錯。此種連續。即繫辭所謂會通。漢人解釋會通。惟荀爽有說。其言曰。謂三百八十四爻。陰陽動移。各有所會。各有所通。荀氏說以三百八十四爻釋會通。尚屬片面的。如以上述屯蒙需訟師比小畜履。八個卦的爻變來觀察。爻爻雖會通。而合於生生之謂易者。實在六爻中之初上兩爻之變。如下四例。

屯初九䷂比。蒙上九䷃師。即屯蒙下隔二卦為師比。

師上六䷆蒙。比初六䷇屯。即師比上隔二卦為屯蒙。

需上六䷄小畜。訟初六䷅履。即需訟下隔二卦為小畜履。

小畜上九䷈需。履初九䷉訟。即小畜履上隔二卦為需訟。

據以上八卦證荀說。知其所指者小。因會通是指卦之組織。包括所謂錯。所謂

綜。所謂中爻。所謂續。所謂兩卦連續。所謂位。以上七者備。乃及爻變皆屬會．通。而荀氏僅言爻變。而舍此七者。則缺而不全

11 泰䷊ ☷坤 ☰乾

12 否䷋ ☰乾 ☷坤

兩卦連續䷀乾。

相錯 否䷋ ☰乾 ☷坤 泰䷊ ☷坤 ☰乾

此三陰三陽之卦。泰為坤三世卦。否為乾三世卦。為乾坤兩卦之變。其上下兩卦連續。泰為䷊反之否為䷋。正義序卦傳引周氏說。以為三陰三陽之卦。當另立一門。但周易六十四卦分為六門。並且六門之名稱。全與周易不合。襲釋典之名。（六門名、天道門、人事門、相因門、相反門、相須門、相病門、因隋唐之際、佛學盛行、故周氏據之、）孔疏引用。而後世治釋典言易者。以為典要。穿鑿附會。不知周易的時代。與釋迦降生。相距甚遠。周氏以六十四卦。分為六門。實有違易例。泰

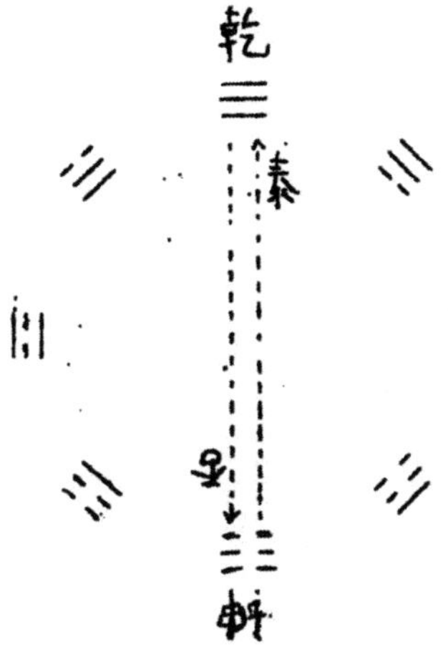

三畫☰為乾。為陽。又三畫☷為坤。為陰。否則相反。凡卦皆一正一反。泰否乃為乾坤之半體。交叉則為乾坤。相綜則為否泰。此乃陰陽和及不和。故彖言萬物通萬物不通。

泰否為乾坤各半相交。盡變化之極。至泰中爻互䷵歸妹。艮歸、又互為䷾既濟。三坎、否中爻互䷴漸。艮歸、又中爻互為䷿未濟。三離、既濟者。泰二五兩爻變皆得位。未濟者。否二五兩爻變皆不得位。泰否之别如是。師比能受之以小畜履者。以小畜履中爻互既濟未濟。否泰兩卦中爻之互。與小畜、履同。故能連續兩卦之卦辭。

泰。小往大來。吉亨。

否之匪人。不利君子貞。大往小來。

卦辭言大小者。陽卦陽爻為大。陰卦陰爻為小也。内卦為來。外卦為往。泰言亨。指中爻再互為既濟。既濟内卦離。中爻又有離。離為火。故曰亨。否言不利。否无咎。中爻再互為未濟亦无咎。故曰不利。言貞、未濟内卦坎。中爻又有坎。坎為水。故曰貞。泰彖言交言通。否彖言不交不通。因否卦雖為乾坤之半。天地倒置。不能效乾之大生。坤之資生。其用則不同。人能利用天地為泰。不能利用天地為否。彖言萬物无非言生生之理。下言爻變。

初九☷☴升
九二☷☲明夷

初六☰☳无妄
六二☰☵訟

上下兩卦爻變序
升萃序
明夷晉序
臨觀序

泰
九三 ䷒ 臨
六四 ䷡ 大壯
六五 ䷄ 需
上六 ䷙ 大畜

否
六三 ䷠ 遯
九四 ䷓ 觀
九五 ䷢ 晉
上九 ䷬ 萃

大壯遯序
需訟序
大畜无妄序
泰否兩卦在橫圖序的對比可推求歸藏之序
升无妄序
明夷訟序
臨遯序
大壯觀序
需晉序
大畜萃序

泰否兩卦之爻變。須兩卦互相結合為序。至隨蠱頤大過坎離漸歸妹中孚小過既濟、未濟十二卦。演法與泰否同。

兩卦連續 ䷝ 離　離互 ䷛ 大過　大過互 ䷀ 乾

上下兩卦連續同人 ䷍ 大有（離　乾）

13同人 ䷌ 歸離
14大有 ䷍ 歸乾

相錯
師 ䷆ 歸坎
比 ䷇ 歸坤

乾交離為同人。離交乾為大有。大有象曰火在天上。曰大有言日光照臨品物咸亨。同人象曰。柔得位柔指陰卦。同人為離之歸魂。屬陰。凡卦。乾之正位在五爻。離之正位在二爻。同人陽爻五。陰爻二。皆得位。得中。二爻陰卦在內為中。五爻陽卦在外為中。而應乎乾。乾指外卦為乾言。若兩卦連續大有為乾之歸魂。亦應。大有象曰。柔得尊位。凡周易以五爻得陽爻為尊位柔則不當大中。大中兩字義異。今大有二五皆失位不得謂之大中因為乾之歸魂不拘常例。

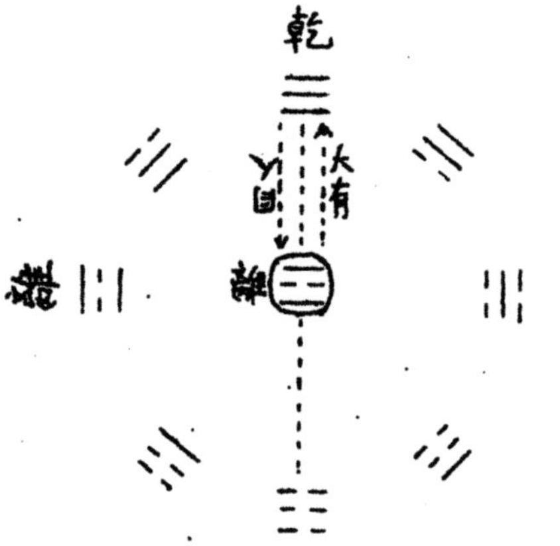

而上下應之曰大有。因乾離先後天同位、又為乾歸魂卦之故。九五爻辭。言相遇相克。李氏集解。引隋人姚規謂互體有兌。兌為澤。位在秋也。乾則施生。澤則流潤。離則長茂。秋則成收。大富有也。大有則元亨矣。以秋則收成立說。與乾之彖辭首出庶物義合。故初九之艱則无咎。九二之積中不敗。是言生產當盡人力。能盡人力。即能多收穫。至上九自天祐之。吉无不利。解此者多泥於天字下筆。惟先子云。言上九之吉由六五而來也。變震。大有上爻變為震。震為足。行也。言能躬行實踐。六五厥孚交如威如之理。則天无不佑矣。說見周易易解泰上九。言人定勝天。與鄭玄兩卦之解釋殊異。卦辭。

同人。于野。亨。利涉大川。利君子貞。

大有。元亨。

同人卦辭曰。于野。野指外卦乾。錯坤。坤為地。野之屬。亨指內卦離。離為火。故曰亨。兩利字。指上下兩卦連續兩兌象而言。貞指離錯而言。

大有卦辭元亨。元指上下兩卦連續有兩巽。巽為木。故曰元。內卦離。上下兩卦連續有兩離。離為火。故曰亨。

卦辭既明。乃知泰否受之以同人大有者。與上師比兩卦續需訟。用錯例同。因此四卦。皆屬四正歸魂卦。乾錯坤。為☷☲明夷。為☲☷晉。明夷二爻變為泰。晉五爻變為否。故同人大有續泰否。下言爻變。

同人

- 初九 ䷌ 遯
- 六二 ䷌ 乾
- 九三 ䷌ 无妄
- 九四 ䷌ 家人
- 九五 ䷌ 離
- 上九 ䷌ 革

大有

- 初九 ䷍ 鼎
- 九二 ䷍ 離
- 九三 ䷍ 睽
- 九四 ䷍ 大畜
- 六五 ䷍ 乾
- 上九 ䷍ 大壯

上下兩卦爻變序
遯大壯序
乾自序
无妄大畜序
家人睽序
離自序
革鼎序

同人大有錯師比。故爻變之世位相同。兩卦之爻變。乾自序。故用錯。離亦自序之爻變。何以不用錯。因乾二五兩爻之變為離。離二五兩爻之變為乾。同人大有兩卦能續泰否者。其原則如此。

15 謙 ䷎ 五兌

16 豫 ䷏ 一震

上下兩卦連續謙 ䷎ 頤 坤 ䷚ 豫

兩卦連續頤 ䷚

頤互坤 ䷁

相錯 復 ䷗ 五艮

小畜 ䷈ 一巽

坤旁兩宮。為震為艮。如圖震爻坤為䷏豫。坤爻艮為䷎謙。謙豫象辭以三才立說。與周易卦辭不以三才立說異。這可證明。象辭以儒家的思想。加上三才的說法。謙之象曰。天道下濟而光明，地道卑而上行。則下濟上行之間。明言有一中字。如乾文言云。九四重剛而不中。上不在天。下不在田。田即地，中不在人。是中者即人。言能盡天地之化育（化育即道）者。唯人而已。若不在人。則萬物皆滅。豫之象曰。豫順以動。動指外卦震而言。說卦傳。震，動也。動即用人之力，以克服自然。故重言天地如之。言以人為貴。而天地亦如人而已。而漢以來解易者。以天地在人之上。則失之遠。卦辭不言三才。象始言之。出於中爻中爻之結果。為乾坤既濟未濟四卦。乾坤天地。既濟未濟人而已。

謙豫之錯。為履小畜。在周易序卦。小畜居履前。此正相反。為什麼。因宮世不同的緣故。謙為兌五世卦。故錯履。因履為艮五世卦。豫為震一世卦。故錯小畜。因小畜為巽一世。故相反則世位乃相同。此所謂變通。謙中爻互䷧解。（二震）解中爻又互䷾既濟。豫中爻互䷦蹇。（四兌）蹇中爻又互䷿未濟。總之中爻遇乾坤者。必用錯。而虞翻釋坤卦。又創陽喪滅陰。坤終復生之說。實去易已遠。後人治漢學者。墨守虞說。陽喪滅陰。流入不可知論。坤終復生。言乾消至坤，為坤終。又由坤息至復。為復生，而惠棟周易述專宗虞說。對此兩句。毅然刪去，免人疑惑，殊有卓見，虞氏釋謙亨云。乾上九來之坤。與履旁通。又釋豫卦辭云。復初之四。與小畜旁通。（見上。相錯復與小畜。虞說所謂旁通）即是錯。且乾文言六爻發揮。旁通情也。是指爻變。不是指錯，同人大有何以能受之以謙豫者。其例在謙豫兩卦之連續。中爻互䷚頤。頤中爻又互䷁坤。凡中爻互乾互坤者。為孤陽獨陰。失去運用。必須以錯濟之。故乾錯坤乃用坤。坤錯乾乃用乾。謙豫兩卦連續為坤。當以坤之錯乾。以乾為用。如謙之外卦坤錯乾為䷠遯。（二乾）豫之內卦坤錯乾為䷡大壯。（四坤）以續上二卦之同人，大有。

困

同人初九為䷠遯。大有上九䷡大壯。如不用乾錯。即不能知謙豫續同人大有之理。其卦辭。

謙。亨。君子有終。

豫。利建侯。行師。

虞翻注謙云。乾上九來之坤。與履旁通。天道下濟故亨。注豫云。復初之四。與小畜旁通。虞氏已知坤錯乾立說。惟天道下濟故亨。謙䷎履上乾。乾為天。履象曰。上天下澤措辭。因謙錯履。履中爻互離。離為火。故亨。君子有終。虞氏以終為艮。在說卦傳。艮東北之卦也。萬物之所成終而所成始也。又曰。終萬物始萬物者。豫利字。亦豫錯小畜而來。小畜中爻互兌。兌為金。利之象。建侯。豫中爻互艮。艮為手。建之象。侯豫外卦震。侯之象。行師。震為足。行之象。內卦坤。坤為眾。師之象。卦辭之義既明。乃言爻辭。謙六三爻辭。勞謙君子有終吉。象曰。勞謙君子。萬民服也。凡人類未有不勞而獲。能勞者往往自矜其勞。而其人勞而不自以為勞。故曰勞謙。因謙卦中爻互坎。坎為勞卦。故曰勞。再言爻變。

「初六䷣明夷

「初六䷲震

上下兩卦爻變序

謙
- 六二 ䷭ 升
- 九三 ䷁ 坤
- 六四 ䷽ 小過
- 六五 ䷦ 蹇
- 上六 ䷳ 艮

豫
- 六二 ䷧ 解
- 六三 ䷽ 小過
- 九四 ䷁ 坤
- 六五 ䷬ 萃
- 上六 ䷢ 晉

明夷晉序 升萃序 坤自序 小過自序 蹇解序 艮震序

謙豫錯履小畜。周易小畜在前。履在後。故謙豫之爻變。當相互讀之。而世位仍相同。

17 隨 ䷐ 歸巽歸震
18 蠱 ䷑ 歸震歸巽

蠱 ䷑ 隨 ䷐ 兩卦連續 ䷽ 小過

小過互 ䷛ 大過

大過互乾 ䷀

上下兩卦連續 隨 蠱 大過 小過

隨蠱兩卦。四隅之位皆備。雖未能如 ䷞ 咸。三兌少女少男合而成卦。䷟ 恒。三震長男長女合而成卦。䷨ 損。三艮少男少女合而成卦。䷩ 益。三巽長男長女合而成卦。其為四隅之合例似一。其實則不同。因咸恒損益為四隅之父。而隨蠱與䷴漸。（艮歸）䷵歸妹。（兌歸）為四隅之（乚）者相交。（）者不相合。惟隨之初九爻辭。官有渝。官羈才作館。穀梁莊元年傳。築王姬之館于外。疑至館則有變。故象以出外釋之。九四爻辭在道。初四相應。因有事故可知。四隅之位。雖居坎離兩宮之旁。如坎宮其旁為巽艮。坎巽為䷯井。（震五世卦）艮坎為䷃蒙。（離四世卦）井與蒙不序。因世位井五而蒙四。不成六。又如離宮其旁為兌震。離兌為䷥睽。（兌四世卦）震離為䷶豐。（坎五世卦）睽與豐不序。因世位睽四而豐五。不成六。隨中爻互䷴漸。（艮歸）漸中爻又互䷿未濟。（離三）蠱中爻互䷵歸妹。歸妹中爻又互䷾既濟。隨蠱之卦辭。

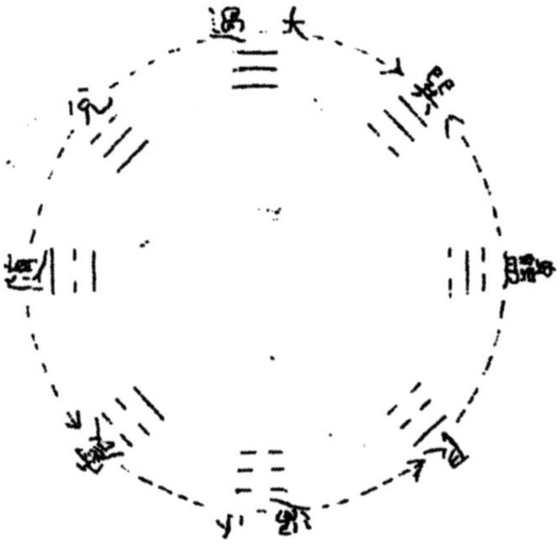

隨。元亨、利、貞、无咎。

蠱。元亨。利涉大川。先甲三日。後甲三日。

隨之卦辭。可參攷乾卦文言。及左傳襄九年。穆姜薨於東宮文。以上兩說。對於元亨利貞四字已解釋。因易不能離象。鄭玄虞翻兩注。據象而立說。鄭則太泛。虞則太拘。主能三爻立說然較諸焦贛云。漢高祖興項籍。其明證也之說。鄭虞兩說。已較焦說為勝。隨內卦震。震為木。是元。外卦兌。兌為金。是利。隨中爻互漸。漸中有坎。坎為水。是貞。又互離。離為火。是亨。漸之中爻互未濟。未濟坎離之半。亨貞之功用益顯。隨元亨利貞。未能若乾卦之相得。相得見繫辭故下加以无咎。繫辭云。无咎善補過也。故曰无咎。凡卦辭之言无咎者。師後有比。而繼之以隨。

蠱居十八卦。彖曰。往有事也。序卦傳云。蠱者事也。有事方合生生之謂易之理。雜卦傳云。蠱者飭也。韓康伯云。隨則有事。祖綿按。韓氏據序卦傳以喜隨人者必有事故受之蠱受之以蠱。飭、整治也。蠱所以整治其事也。蠱、左傳昭元年。於文皿蟲為蠱。凡害蟲、蝗蛀蟲之類害物者皆為蠱說文。蠱腹中蟲也。凡害人者亦曰蠱。在自然界中。為害萬物者莫如蠱。韓注釋以整治整。說文。齊也。言治蠱當齊心同力為之。故卦先甲三日。後甲三日。言古人治蠱之日期。禮記王制疏云。蠱者損壞之名。故左傳云。皿蟲為蠱。蟲食器皿。巫行邪術。損壞於人。重視治蠱如此。在周禮司寇庶氏掌除毒蠱。翦氏掌除毒物。咎有專職可證。疑治蠱之日期為七日。取七日來復之義。先甲三日、鄭玄注用辛。先甲三日為癸壬辛三日。後甲鄭玄注用丁。甲後三日為乙丙丁三日謂甲者造作新令之日。辛取改過自新。丁取丁寧之義。鄭說辛丁。隨文衍義。實不足訓。孔穎達正義云。令按輔嗣注甲者創制之令。不云創制之日。又巽卦九五先庚三日。後庚三日輔嗣注申命令謂之庚。輔嗣又云甲庚皆申命之謂。則輔嗣不以甲為創制之日。而諸儒不顧輔嗣之注旨。妄作異端非也。孔氏作疏。以王弼注為主。凡王弼注匪夷所思者。亦必曲為之解。鄭玄以為甲者造作新令之日。王弼云甲者創制之令。兩說皆遠。考周禮已有庶氏翦氏。凡周官稱氏者、皆一姓世襲之官。法定日期。自甲至庚共七日。在甲先後三日。漢儒釋釋。此語无中肯。而爻辭五爻以父母出之。更使人恍忽。不知父母二字之所出。因卦具艮少男巽長女。爻互震長男兌少女。終互坎中男離中女。六子皆全。凡易稱子、无男女之別、女亦稱子。故以六子幹父母之蠱立說。初六曰考。言父可知。蠱內卦巽。巽為木。是元。中爻互歸妹。有離是亨。又有兌是利。又有坎是貞。如是則兩卦之卦辭。方能知其原委。諸家釋父母之蠱義少切實。熊良輔易傳輯疏。六五爻云。諸爻稱蠱者。皆幹前人已壞之事。六五至於用譽。則不特幹其事之已壞。所以立身揚名。使國人稱願曰。幸哉有子矣。熊說局限於封建思想。未能闡明耳。至謙豫何以能受之以隨蠱者。在公式較以上各卦。尤為易簡。在兩卦連續之小過。小過四爻變為謙。小過三爻變豫。乃言爻變。

隨

初九 ䷬ 萃	六二 ䷹ 兌	六三 ䷰ 革	九四 ䷂ 屯	九五 ䷲ 震	上六 ䷘ 无妄

蠱

初六 ䷙ 大畜	九二 ䷳ 艮	九三 ䷃ 蒙	六四 ䷱ 鼎	六五 ䷸ 巽	上九 ䷭ 升

上下兩卦爻變序
萃升序
兌巽序
革鼎序
屯蒙序
震艮序
无妄大畜序

隨蠱兩卦在橫圖序的對比
萃大畜序
兌艮序
革蒙序
屯鼎序
震巽序
无妄大畜序

隨蠱為四耦之歸旋。

19 臨 ䷒ 二坤
20 觀 ䷓ 四乾

兩卦相續大過 ䷛。

大過中爻互乾 ䷀。

相錯
遯 ䷠ 二乾
大壯 ䷡ 四坤

上下兩卦連續臨

觀。

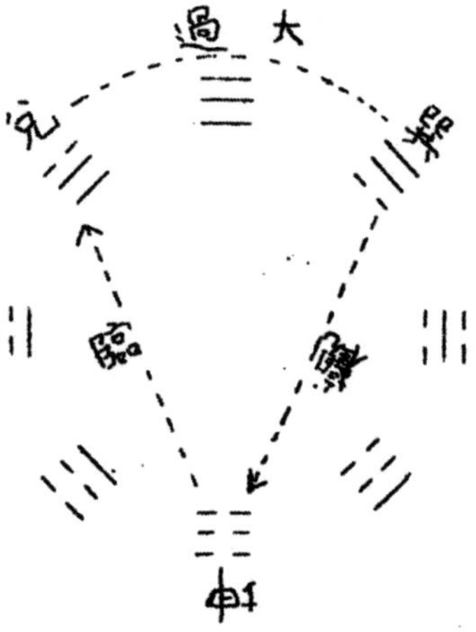

坤交乾之旁通兌巽。坤兌為臨。巽坤為觀。臨為保民。臨大象辭。觀為觀民。觀大象辭。繼隨蠱之後。臨承隨而得元亨利貞。居蠱卦之後。臨之元亨利貞。不由乾而來。而由坤而來。若以大過互乾立說。則失其道。此言連續之理。至於八月有凶。舉臨綜觀而言。說見 先子周易易解卷四臨卦解。臨為夏正十二月卦。觀為夏正八月卦。彖云。至於八月有凶。消不久也。臨以歸藏言之。是息不是消。而彖云消不久也。明明指觀卦无疑義。在臨卦初爻二爻而息止。觀卦五爻上爻而消止。卦畫至此。欲消而无所再消。臨之三爻四爻為陰爻。觀之三爻四爻亦為陰爻。惟不能消不能息。彼此隔離。在易為凶象。觀為八月之卦。故曰八月有凶。卦氣以臨為十二月、觀為八月、其說始見稽覽圖、朱震漢上易卦圖列三圖、一李溉卦氣圖、二太玄準易圖、三乾坤交錯成六十四卦圖、黃宗羲象數論、惠棟易漢學卷一孟長卿易上、胡煦周易函書等皆載之、惟惠氏略改原圖。

因臨觀為四陰二陽之卦。未能如否泰三陰三陽之卦消息各得其平而陰陽和者可比。觀中爻互䷖剝。乾五陽消至極。剝中爻又互䷁坤。臨中爻互䷗復。坤陰乃初息。復中爻又互䷁坤。剝伏互坤。臨屬坤宮。至觀之孚。

虞翻以此兩卦。謂臨與遯旁通。虞氏所謂旁通即是錯。觀反臨也。非易之真蘊。臨觀之卦辭。

　臨。元亨利貞。至于八月有凶。

　觀。盥而不薦。有孚顒若。

臨之元亨利貞。由坤而來。至觀有孚。由中爻之坤而來。觀。說文諦視也。盥。澡手也。薦詁有多家。當以穀梁桓八年注。無牲而祭曰薦。薦而加牲曰祭。古時聚人以祭。春秋繁露祭義。祭者察也。言以祭聚人。以察民生。有孚顒若。馬融曰。以下觀上。見其至盛之禮。萬民敬信。故曰有孚顒若。孚信。顒。敬也。馬說與論語學而篇敬事而信義同。至隨蠱何以能受之以臨觀者。是尚窮變。臨為坤二世卦。去五爻上爻。如中爻讀之。為䷵歸妹。歸妹四爻變為臨。觀為乾四世卦。去初爻二爻。如中爻讀之。為䷴漸。漸三爻變為觀。隨蠱兩卦自相錯。然隨內外卦顛倒讀之。為䷵歸妹。蠱內外卦顛倒讀之。為䷴漸。因隨蠱自相錯。乃借歸妹漸兩卦。四三兩爻之變。受之以臨觀。因隨蠱歸妹漸四歸魂卦。大過頤中孚小過四游魂卦。因居四隅之位。變化殊多。例如隨蠱交叉讀之。為䷛大過。震游為䷼中孚。艮游為䷚頤。巽游為䷽小過。兌游顛倒讀之為䷵歸妹。兌歸為䷴漸。艮歸平行讀之為䷞咸。三兌為䷟恒。三震平行自左讀之為䷨損。三艮為䷩益。三巽四隅歸魂游魂三世卦。皆在參伍以變之中。漸歸妹大過頤中孚小過咸恒損益十卦。同隨蠱兩卦例演。乃言爻變。

上下兩卦爻變序

師比序
復剝序
泰否序
歸妹漸序
節渙序
損益序

臨

爻	卦	變卦
初九	䷒	師
九二	䷒	復
六三	䷒	泰
六四	䷒	歸妹
六五	䷒	節
上六	䷒	損

觀

爻	卦	變卦
初六	䷓	益
六二	䷓	渙
六三	䷓	漸
六四	䷓	否
九五	䷓	剝
上九	䷓	比

或曰。以隨蠱受之以臨觀。由歸妹漸而來。何不以臨之六四變歸妹。觀之六三變漸。反覺簡便。如上云云。未免曲折。答曰。以臨之爻變。六四變為歸妹。歸妹四爻變為臨。觀之爻變。六三變為漸。漸三爻變為觀。是不合受之以之規律。因本卦之爻變。不變仍屬臨觀。故祇能用上兩卦以推受之以。不能以本卦之爻變。以推受

之以。

21 噬嗑 ䷔ 巽五
22 賁 ䷕ 艮一
乾 ䷀

相錯
井 ䷯ 震五
困 ䷮ 兌一

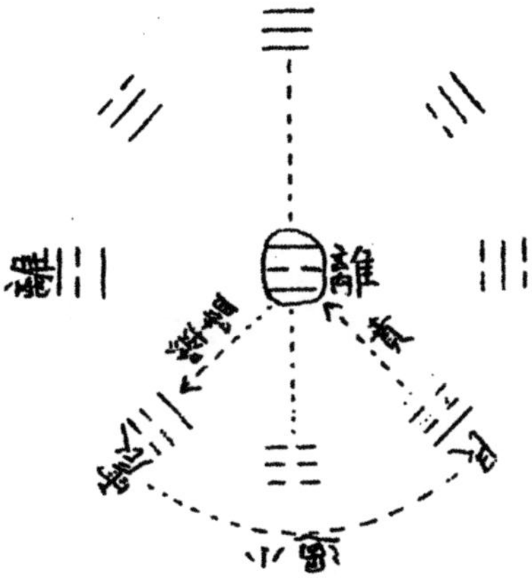

兩卦相續為小過䷽　小過中爻互大過䷛　大過中爻互

上下兩卦連續噬嗑䷔（小過、離）賁䷕

離震為噬嗑。艮離為賁。惟兩卦相對。一正一負。卜官作此兩卦之卦辭爻辭。兩相不能連繫。雜卦傳噬嗑食也。以卦名證之。作食為允。衣食二者。為人生必需之物。賁為服飾。識得此理。然後能明識臨觀受之以噬嗑賁者。虞翻以噬嗑坤初之五䷋否。三乾 賁。乾二之坤上䷊泰。三坤 立說。是以辟卦推卦變。而治虞易者。謂以為受之以之理。實悖於易例。臨二爻四爻上爻變為䷔噬嗑。臨二爻變除本位卦，隔臨十六位為復。四爻變除本位隔復四位為震。上爻變隔震一位為噬嗑。觀初爻三爻五爻變為䷕賁。觀初爻變除本位隔觀三十二位為益。三爻變除本位隔

之以。

21 噬嗑 ䷔ 五巽

22 賁 ䷕ 一艮

乾 ䷀

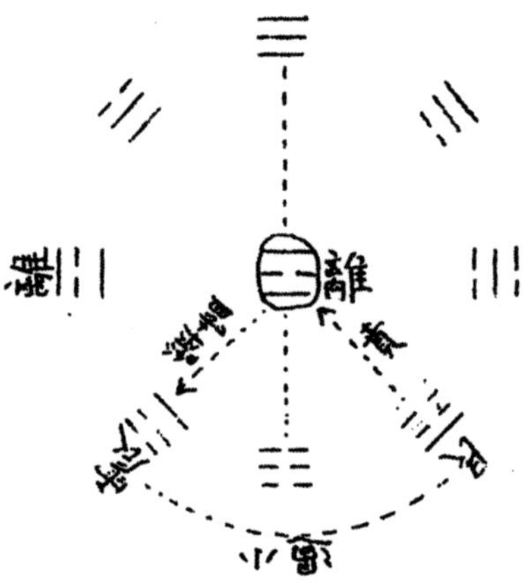

相錯

井 ䷯ 五震

困 ䷮ 一兌

兩卦相續為小過 ䷽

小過中爻互大過 ䷛

大過中爻互

上下兩卦連續噬嗑 ䷔ 賁 ䷕（離）（小過）

離震為噬嗑。艮離為賁。惟兩卦相對。一正一負。卜官作此兩卦之卦辭爻辭。兩相不能連繫。雜卦傳噬嗑食也。以卦名證之。作食為允。衣食二者。為人生必需之物。賁為服飾。識得此理。然後能明識臨觀受之以噬嗑賁者。虞翻以噬嗑坤初之五 ䷋ 否。（三乾）賁乾二之坤上 ䷊ 泰。（三坤）立說。是以辟卦推卦變。而治虞易者。論以為受之以之理。實悖於易例。臨二爻四爻上爻變為 ䷔ 噬嗑。（臨二爻變除本位卦。隔臨十六位為復。四爻變除本位隔復四位為震。上爻變隔震一位為噬嗑。）觀初爻三爻五爻變為 ䷕ 賁。（觀初爻變除本位隔觀三十二位為益。三爻變除本位隔

(益八位為家人五爻變 二位隔家人二位為賁)序卦傳。對於噬嗑曰。有所合。對於賁曰。不可以苟合。合即指噬嗑頤中有物。與利用獄不續。乃言卦辭

噬嗑。亨。利用獄。

賁。亨。小利有攸往。

噬嗑與賁。皆言亨。噬嗑外卦離。賁內卦離。離為亨。易例。內卦為主。外卦為賓為客。亨同而義不同。說卦傳无獄象。今噬嗑內卦震。震為雷。宋衷以雷動而威。故利用獄。荀爽九家集解。坎為律。為叢棘。(宋衷云叢棘獄也。)為桎梏。虞翻坎為獄。此荀虞二氏引逸象為證。繫辭又舉初九上九兩爻以實之。凡繫辭所舉者皆一爻。此則兩爻。乃一疑點。賁小利、小指外卦艮。艮為少男。故曰小。兩卦言利。指連續之小過互兌言。往、卦例自內曰往。賁內卦離。故小利有攸往。

因噬嗑言食。賁言飾身之物。與管子牧民篇。衣食足而後知禮義合。又賁大象。君子以明庶政。无敢折獄。與噬嗑之利用獄。皆出獄字。乃言爻變。

上下兩卦爻變序

初九 ䷔ 晉	初九 ䷕ 艮
六二 ䷔ 睽	六二 ䷕ 大畜

晉明夷序

噬嗑
- 六三 ䷔ 離
- 六四 ䷔ 頤
- 六五 ䷔ 无妄
- 上九 ䷔ 震

賁
- 九三 ䷕ 頤
- 六四 ䷕ 離
- 六五 ䷕ 家人
- 上九 ䷕ 明夷

睽家人序
離自序
頤自序
无妄大畜序
震艮序

賁。彖辭賁亨。亨字後人多疑義。朱熹本義云。亨字疑衍。求之卦辭。並非衍文。因賁亨了兩字。不能分割。賁內卦有離。故不行。又李林松周易述補襍言云。本義天文上也，彖文有剛柔交錯四字。惠棟云。漢易无此語。本義亦无之。未詳李氏所據。惟王弼注。有剛柔交錯而成文焉。天之文也句。

23 剝 ䷖ 五 乾
24 復 ䷗ 一 坤

兩卦連續 ䷁ 坤

相錯 夬 ䷪ 五 坤　姤 ䷫ 一 乾

上下兩卦連續剝 坤 頤

復

坤之旁宮為艮震。艮交坤為剝。坤交震為復。剝復兩卦。言境雖處剝。蓋人事者必求復之道。以去剝。剝為乾消至此五。復為坤息之初。兩卦連續為坤。上下兩卦

相續又為坤。在剝上爻未消。故序卦傳以物不可終盡解之。而復又由坤息陽。故曰剝窮上反下。惟序卦受之以。以一卦相受立說。余以為非是。在噬嗑賁受之以剝復者。以坤為主。以頤為輔。有圖可讀。而又賅乾。乾為坤之錯。更求之受之以之卦。噬嗑爻變六三之離。及賁爻變六四之離。剝復之組織離為要點。集卦辭。

剝。不利有攸往。

復。亨。出入无疾。朋來无咎。反復其道。七日來復。利有攸往。

噬嗑受之以剝。噬嗑六三變䷝離。中爻互兌。兌為利。今利為剝之外卦艮所止。(說卦傳艮止也)故曰不利有攸往。復言利者。賁受之以復。賁六四變為䷝離。中爻亦互兌為利。在賁六四變。中爻得兩重離卦。中爻又互兌。兌為利。故曰利有攸往。這一句話。承賁卦辭小利有攸往而來。賁之卦辭。小利有攸往。復之卦辭。

利有攸往。賁何以加以小字。復无小字。此以象為之。賁云小利。因賁外卦艮。故曰小。復則內卦震。故彖言剛反動而以順行。由復而息臨。由臨而息泰。由泰而息大壯。由大壯而息夬。至夬為坤五。與剝乾五相錯。故卦辭以出入无疾言之。言有一定之次第。朋來无咎。在坤卦。虞翻注剝云。陰消乾也。與夬旁通。又注復云。陽息坤。與姤旁通。其說可采。七日來復。李鼎祚以易軌解。義反晦。當以消息解七日。乾初九消姤。為一日。九二消遯。為二日。九三消否。為三日。九四消觀。為四日。九五消剝。為五日。上九消坤。為六日。至七日。坤初六息復。故曰七日來復。若言月亦同。乃言爻變。

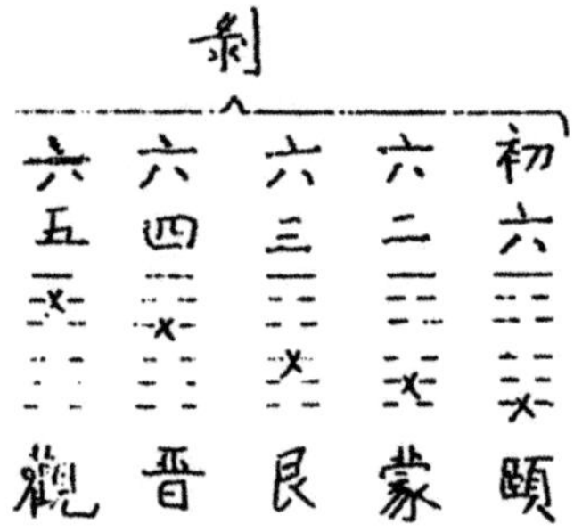

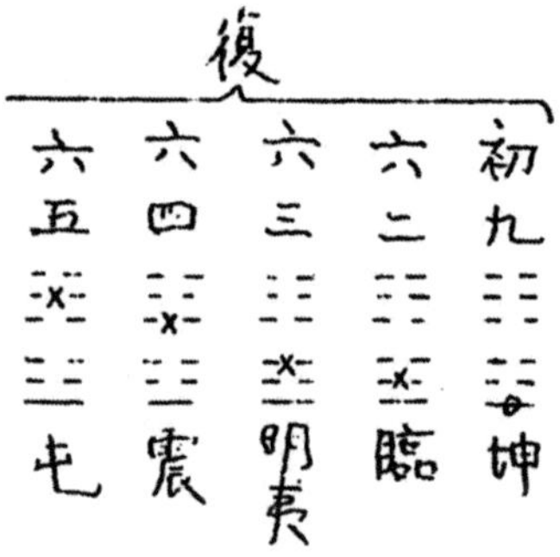

上下兩卦爻變序
頤自序
蒙屯序
艮震序
晉明夷序
觀臨序
坤自序

上九 ䷁ 坤

上六 ䷚ 頤

剝復兩卦爻變與噬嗑賁相同者。有晉明夷序。頤自序。艮震序。皆變一爻。為剝復。

25 无妄 ䷘
26 大畜 ䷙
二艮四巽

相錯
升 ䷭
萃 ䷬
二兌四震

兩卦連續小過 ䷽

小過互大過 ䷛

大過互 ䷀ 乾

上下兩卦連續无妄 ䷘ 大畜 ䷙（小過、乾）

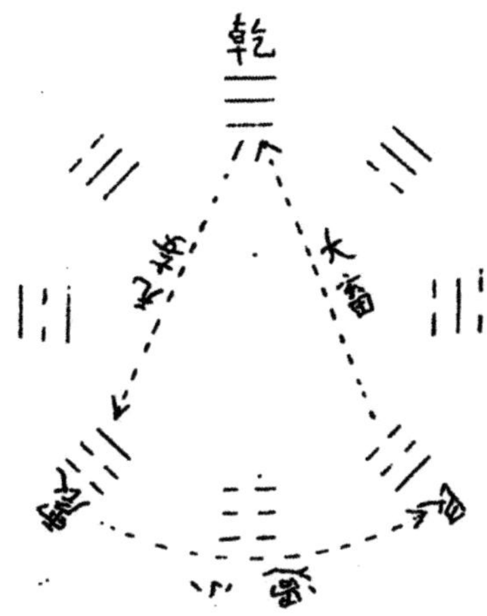

乾交坤之旁宮震艮。乾震為无妄。艮乾為大畜。兩卦之組織如此。戰國策楚策四朱英謂春申君曰。世有無妄之福。又有無妄之禍。史記春申君列傳亦引之。無作毋。索隱曰周易有無妄卦。其義殊也。馬融曰。妄猶望。謂无所希望也。馬說殊謬。惠棟周易述卷五引王无論衡曰。易无妄之應。水旱之至。自有期節。（王說見寒溫篇。）易无妄者。謂易之无妄傳也。又據文選劉逵吳都賦注。引易无妄云云證之。近是。虞翻注已詰京房馬融之失。虞說外畧可觀者。有九家易。蜀才王弼何妥諸說。至宋程頤以至誠二字釋无妄。實與王弼注。威剛方正。私欲不行。何可以妄。使有妄之道滅。无妄之道成。非大亨利貞而何。義同。易緯坤靈圖曰。

丘序曰。天。祖綿按。說卦傳。乾為天。經曰。乾。元亨利貞。爻曰。飛龍在天。利見大人。祖綿按。乾九五爻文。故德配天地。天地不私公位。稱之曰帝。祖綿按。史記五帝本紀正義引。在正不在私。曰帝。禮記曲禮疏引。在正不在私。稱之曰帝。无妄卦辭其匪正有眚之王義當從此。故堯天之精陽。莫不從者。故乾居西北。萬物蟄伏。致乎萬物蟄伏。故能致乎萬物之化。經曰。用九。祖綿按。文有奪脫。經曰。震下乾上无妄。天精起。祖綿按。文有脫佚。起。鄭玄注立也。帝必有洪水之災。祖綿按。鄭玄注初九震在子。坎為水。此鄭玄初習京氏易。以京氏積算法立說。其實无妄至漸。漸至未濟。皆有坎。天生聖人使殺之。祖綿按。孫詒讓曰。殺御覽十八引作救是也。注求命之當作命救之。從御覽作救亦通。其實殺亦通。風俗通殺治也。因易有辟殺之法。丘括義因象附類。辭曰。天無雲而雷。先王以茂對時育萬物。祖綿按。此自注作大象。經曰。乾下艮上。大畜。天災將至。豫畜而待之。人免於饑。故以元亨。上下皆通。各戢其性。故曰利貞。祖綿按。今文无元亨。然大畜之卦。三至五為震。震木。為元。大畜中爻互歸妹。歸妹又互既濟。皆有離。故亨。

坤靈圖解卦辭。今僅存乾无妄大畜三卦。以為其卦辭。皆頌堯之德化。乾能致乎萬物之化。无妄治洪水之災。大畜以天災將至。豫畜而待之。人免於饑。皆以養萬物養人立說。惟大畜周易卦辭无元亨。坤靈圖有之。義亦可通。因无妄大畜兩卦連續有小過。小過有震為元。大畜中爻互歸妹。歸妹中爻又互既濟。歸妹有離。既濟有兩離。為亨。

剝復受之以无妄大畜者。以剝復兩卦連續為坤。无妄大畜兩卦連續為乾。乾坤相錯。故復外卦坤。錯乾為䷘无妄。剝內卦坤錯乾為䷙大畜。得无妄大畜兩卦受之以之公式。上下卦互易。其卦辭。

　无妄。元亨利貞。其匪正有眚。不利有攸往。

　大畜。利貞。不家食。吉。利涉大川。

无妄。元由內卦震而來。震為木是元。亨由无妄中爻互漸。又互未濟。漸與未濟。有離象。離為火。是亨。又有坎象。坎為水。是貞。兩卦連續之小過。有兌象。兌為金。是利。小過互大過。亦有兌象。是利。无妄之元亨利貞。當從王弼私欲不行為諦。私欲不行之旨。故下文以其匪正有眚續之。匪。非之假借字。廣雅釋詁四。匪、非也。匪正之正。即史記正義。在正不在私之正。正則无妄。私則妄。眚、復上六。迷復凶。有災眚。象曰。迷復之凶。反君道也。鄭玄曰。異自内生曰眚。復之上六。與无妄相連續。故出眚字。小象曰反。反為正之對。不利有攸往。无妄中爻互小過。有兑。兑是利。今為艮所止。故曰不利。是无所往之意。大畜利貞。指兩卦連續有兑。貞指大畜中爻互歸妹。歸妹中有兑象。有坎象。歸妹中爻又互既濟。既濟中爻有兩坎象。既濟又為坎三世卦。故卦辭有大川。大川為坎象。不家食。艮為門闕。家之象。互兑。兑為口食之象。管子牧民篇。食者。人之天也。墨子七患篇。食者國之寶也。淮南子主術訓。食者。民之本也。象云。不家食吉。養賢也。所見者小。此云不家食。當从管子墨子以民為本釋之。義方確。序卦傳云。物畜然後可養。此養字包括甚大。可證。又彖无妄天之命也。大畜應乎天也。无妄大畜之上。剥復兩卦。皆曰天行也。宋以後諸說。皆重在天字。凡事以靜聽天命立說。愈說愈遠。天本无物。乃是假象。事之成敗。若諉諸於天。而棄人為。與自彊不息之義違。乃言爻變。

无妄

初九 ䷋ 否
六二 ䷉ 履
六三 ䷌ 同人
九四 ䷩ 益
九五 ䷔ 噬嗑
上九 ䷐ 隨

大畜

初九 ䷑ 蠱
九二 ䷕ 賁
九三 ䷨ 損
六四 ䷍ 大有
六五 ䷈ 小畜
上九 ䷊ 泰

上下兩卦爻變序
否泰序
履小畜序
同人大有序
益損序
噬嗑賁序
隨蠱序

无妄六二。不耕穫。不菑畬下。禮記坊記引下有凶字。凶字當據補。言知不耕穫不菑畬為凶。在洪水時。人人知不耕穫不菑畬為凶。皆盡力於治水。則利有攸往。九三爻土地平後。農事日進。已以牛耕植種萬物。大畜不獨豫畜植物。並且畜及動物。九三之馬。九四之牛。六五之豕。可證。至上六何天之衢。衢當從管子國蓄篇。壞正方四面受敵。謂之衢國之衢釋。（地數篇、輕重甲篇衢處同）故曰何天之衢。是鄙天之詞。

27 頤 ䷚ 巽游
28 大過 ䷛ 震游

兩卦獨立

上下兩卦聯繫 頤 ䷚ 大過 ䷛（益 歸妹）

歸妹 ䷵ 互既

濟䷾ 蠱䷑ 互未濟

相錯　大過䷛游震　頤䷚游巽

頤大過四陽之卦位。並肩並足。陰陽不交。故為游魂。然兩卦聯繫中爻互既濟未濟。為承上起下之卦。表示上下兩卦連續之用。頤之卦辭曰自求口實。象曰

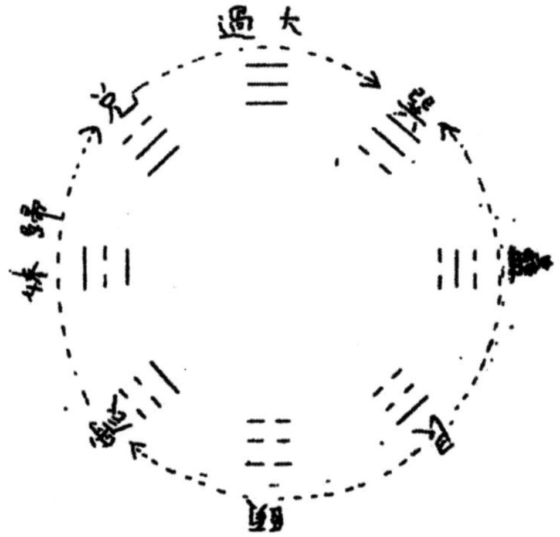

觀其自養。承上大畜不家食。大過卦辭曰。棟撓。利有攸往。承上无妄不利有攸往立說。无妄本利有攸利。然不以正而以私。始加以不字。故曰不利有攸往。大過本不利有攸往。因中爻互乾。乃能如象之獨立不懼。故曰利有攸往。象曰棟撓。本末弱也。因䷛大過。初上皆陰。初爻為本。上爻為末。陰爻居之為弱。王弼注。初為本而上為末也。王說較勝。大過本末固弱。因中爻互乾。效乾之自強不息。能轉柔為剛。頤中爻互䷁坤。大過中爻互䷀乾。又兩卦聯繫

為䷾既濟。䷜坎䷝離之位，卓然可見。雖屬四隅陰陽不交之卦，而四正之位自立。故游魂為序卦之大用。即繫辭所謂曲成萬物而不遺者如此。並可以明瞭受之以的公式。皆藉乾坤坎離頤大過中孚小過八個卦的化裁推行變通之理。虞翻注雖舉出，惜未達其旨。隨蠱言歸魂。（繫辭不出歸魂一個名辭。因與八純卦同為精氣。）此則言游魂同時為四隅之位。歸魂卦上下兩卦，陰陽相交。游魂上下兩卦，陰與陰遇，陽與陽遇。頤大過正與隨蠱相反。此游魂與歸魂之不同。頤大過交叉讀之。為䷑蠱。（巽歸）為䷴漸。（艮歸）為䷐隨。（震歸）為䷵歸妹。（兌歸）在隨蠱兩卦交叉讀之。皆為游魂。此則皆為歸魂。平行讀之。為䷨損。（三艮）為䷟恒。（三震）平行自左讀之。為䷞咸。（三兌）為䷩益。（三巽）與隨蠱同為三世卦。然卦序則不同。

无妄大畜受之以頤大過者。因无妄大過兩卦連續為小過。小過中爻互大過互乾。乾為獨陽。獨陽則不生。（穀梁莊三年傳）必錯坤而後生。頤受之以由坤而來。大過受之以由乾而來。可得明證。乃言兩卦之卦辭。頤。貞吉。觀頤。自求口實。

大過。棟撓。利有攸往。亨。

頤大過兩卦。諸家注釋。對貞字、利字、亨字。均失其義。因此為游魂之卦。若拘於本卦卦畫以求之。則義萬不能通。當由兩卦聯繫之歸妹求之。又由歸妹中爻互既濟而求之。乃得兩卦貞亨之義。頤之貞。在歸妹之坎及既濟之兩坎。坎為水。是貞。大過之亨。在歸妹之離及既濟之兩離。離為火。是亨。大過之利在外卦之兌。兌為金。是利。頤之自求口實。承上大畜不家食為更進。頤內卦震。震、動也。外卦艮。艮為手。中爻互坤。坤為地。人能動手於地下。即是耕穫。耕穫然後得食。此自求口實之謂。若不能自求。終不能自得。此兩句據蔡世序河上易注。即失頤之道。大過棟撓。象曰。大過本末弱也。來知德曰。古人作字。本末皆從木來。木下加一畫陽。取根株回煖。故為本。木上加一畫陽。取枝葉向榮。故為末。說文。木下曰本。从木一在其下。木上曰末。从木一在其上。來氏言本末。是指木未伐而言。經曰棟則木已伐。來氏釋本末亦膚。象曰、棟撓本末弱也。向秀說。棟撓則屋壞。主弱則國荒。所以撓由於初上兩陰爻也。初為善始。末是令終。始終皆弱。所以棟撓。見李氏集解。向說亦膚。至主弱則國荒句。更覺硬湊。且无理可解。程頤說。大過陽過於中。而上下弱矣。故為棟橈之象。棟取其勝重。四陽聚於中。可謂重矣。……橈取其本末弱。中強而本末弱。是以橈也。程說亦膚。譬如築室。下基不實。即本弱。上棟失度。即末弱。如是不能載重。則有傾仄之患。故曰棟橈本末弱也。既曰棟橈。又曰利有攸往亨。兩相矛盾。其實卦辭乃言處之理。能知棟橈之危險。毀其舊者。重建新築。故利有攸往亨。兩卦聯繫互歸妹。歸妹互既濟。既濟四爻變為革。不革則不能利有攸往亨。乃言爻變。

頤

初九	六二	六三	六四	六五	上九
剝	損	賁	噬嗑	益	復

大過

初六	九二	九三	九四	九五	上六
夬	咸	困	井	恒	姤

游魂係變體與乾坤相類

頤剝復序
損益序
賁噬嗑序
大過夬姤序
咸恒序
困井序

頤大過兩卦橫圖序的對比

剝夬序
損咸序
賁困序
噬嗑井序
益恒序
復姤序

此游魂係變體。與上乾坤泰否隨蠱六卦相類。下坎離漸歸妹中孚小過既濟未濟八卦同。故夬剝噬嗑井為五世卦。損咸益恒為三世卦。賁困復剝為一世卦。故此十六卦有上下兩卦連續和聯繫之關鍵。因頤與大過為承上起下之卦。上能承乾坤泰否隨蠱六卦。下能起坎離漸歸妹中孚小過既濟未濟八卦。合本卦頤大過為十六卦。

29 坎 ䷜ 上世

30 離 ䷝ 上世

兩卦獨立。不相連續。其聯繫坎䷜離為既濟䷾。既濟互未濟䷿。

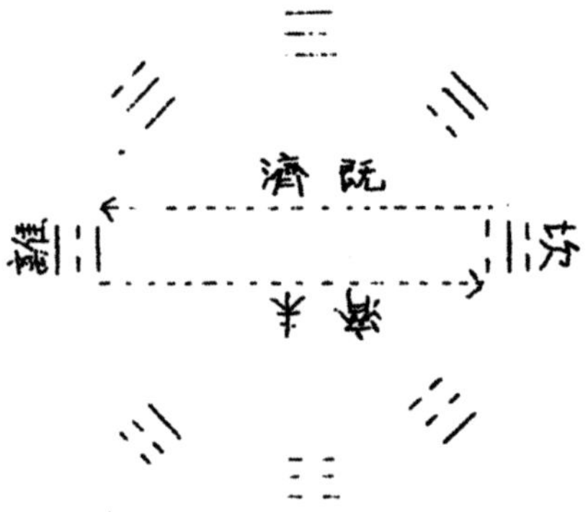

相錯

離 ䷝ 上世

坎 ䷜ 上世

後人以為上經始乾坤終坎離者。下經始咸恒終既濟未濟者。據此。在漢書藝文志僅云。易經十二篇。无上下經之目。上下經之說。始見於顏師古注。孔穎達正義引子夏傳云。雖分上下二篇。未有經字。是經字後人所增无疑義。此坎卦作習坎。彖曰。習坎，重險也。以重訓習。係正義。後人訓習為常。虞說為積、亦虞說。訓水流行不盈。故曰習。劉表語。皆未諦。孔穎達正義。謂諸卦之名。皆於卦上下不加其字。此坎卦之名。特加習者。以坎為險難故。特加習名。習有二義。一者習重也。謂上下俱坎。是重疊有險。險之重疊。乃成險之用也。二者（二字據劉氏嘉業堂本）人之行險。先須便習其事。乃可得通。故云習也。正義所舉二義。一者習重也。乃是正義。二者蛇足。坎彖云。水洊至習坎。釋文。劉表、洊、仍也。集解、陸績、洊、再、習、重也。仍再重義同。凡八純之卦。除乾坤外。坎曰習坎。猶言重坎。習字加於坎上，毫无弘義。杭辛齋易楔云。（卷二、卦名第四）按八純重卦。皆不易卦名。獨坎曰習坎。先儒論議紛如。各有所見。偏以理想者多。（下畧）杭氏對唐宋以後各家釋習字批評頗富。而下文云聖人立教。首重時習以解之。亦肊斷無據。不如以重釋習為允。又離亦為重卦。彖、離、麗也。象以兩字繼字申其義。麗、古文作丽、說文、丽、兩耦也。丽兩繼三字。義亦同重字。如震之象曰。洊雷震。艮之象兼山艮。巽之象曰。重巽以申命。兌之象曰麗澤兌。以彼例此。是習字之義自明。惟坎卦彖云。王公設險以守其國句。先子易解云。王公二字疑衍。或以為錯離言。或以為九五王也。六三、三公也。（李鼎祚易傳語）與卦理亦悖。恐漢人所偽造。

先子之說是。求之卦象。實无三公。

從來治易者。對於坎離。肊斷而不求是。千篇一例。不獨在習字如是。而對於兩卦之入用。入用見繫辭、皆未能挈領。如惠棟周易述。對於兩卦摭拾京房荀爽鄭玄虞翻陸績諸說外。益之周官。秋官、禮記、中庸各篇、詩箋。鹿鳴箋、左傳。孝經。弟子職諸說以解之。用力頗勤。惜於卦位卦象及爻位爻象。未能致力。使讀者未能領會。坎離兩卦。言水火之用。坎卦六爻。初六言洪水為災。九二言治水當根本着手。六三言治水而水仍汎濫。六四言釀造酒烹飪非水不可。九五言治水有計劃。上六言治盜。說卦傳、坎為盜、盜之禍與洪水同。離言火禁。初九言警戒火。爻文敬、釋名釋言語、敬、警也、六二黃離。諸家注釋皆不當。是言日照土上。離為日、黃為土、說文、黃、地之色也、與說卦傳、其於地也為黑、語相矛盾、說卦據一般之土色言、此言黃土、周在岐豐屬黃土之區域、釋名、釋采帛、黃、晃也、猶晃晃象日光色也、九三日仄之離。孟喜曰、日在西方時側也、爻文喻年老人无進取之心。只知長吁短歎。爻文缶、說文、秦人鼓之以節歌、史記藺相如傳、相如使秦王鼓缶、秦本周地、周時民間歌舞亦用缶可知、爻文日仄之離、不鼓缶而歌則大耋之嗟凶、直譯其文如下、夕陽西沉、正是群眾鼓缶歌舞的佳節、不去參加、反而憂歎自己年老了、這是離群索居的象徵、所以是凶兆、乃是凶兆。惠棟周易述。刪去凶字失其義。九四五如字。形容火勢之盛。九四與初九相應。初九言敬。言慎之於始。故能无咎。九四因不敬。釀成巨災。因中爻互兌。兌為毀折。故小象无所容也。

突孟喜作𠫓。京房作𠫓。不孝也。說文。𠫓部首引易突如其來如。以𠫓解突。細繹許解。不以突作𠫓。以突解𠫓字爾。並雖以周官秋官掌戮疏。引鄭玄說以申明之。去離卦之爻象更遠。不必從。六五、出涕字。說卦傳離為目。萃上六齎咨涕洟。虞翻注。自目曰涕。洟泗字通是以離立象。至戚字。治易者皆以哀以憂釋之。與象不合。釋名、釋兵、戚、感也。斧以斬斷。見者皆感懼也。因六五變乾。乾為金。故為戚。說文。戚、戉也。戉、大斧也。以釋名解之。乃得此爻之象。上六。王用出征。說卦傳離為甲冑。為戈兵。上六震動也。出征之象。因坎離兩卦。自來釋易者。咸失其義。故不厭繁瑣言之。

坎之象曰險之時用大矣哉。此用字。胡煦周易函書特別揭出云。坎離乾坤之中爻變。坎含胎之坤。離既虛之乾。故坎獨言時用。離不言用。凡象辭中某卦之時用大矣。其互與錯綜。必成既濟未濟。言盡水火之大用。今卦之象辭有時用大矣。惟䷥睽與䷦蹇。兩卦睽蹇相綜。而中爻之互皆成既濟未濟與坎卦同。是明證。

頤大過受之以坎離者。䷚頤。頤三四兩爻之變。即為䷝離。大過三四兩爻之變為䷜坎。此為受之以之例。其卦辭

習坎。有孚。維心亨。行有尚。

離。利貞。亨。畜牝牛吉。

心亨。說卦傳坎為心疾為亟心之心。亨屬離。在上下兩卦聯繫之既濟。行有尚。虞翻曰。行謂二。尚謂五也。二體震為行。坎二爻至四爻為震。震為足。行之象。動得正應五。故行有尚。往有功也。虞氏說近中爻互震為行是尚為上之假借。孔安國尚書序。以其上古之書。謂之尚書。此言上者。上即外卦。言外卦又是坎。指中爻互震之上。有坎卦。故曰行有尚。

離利貞亨。利中爻互兌故利。兩卦聯繫得既濟未濟。內有坎故貞。亨為本卦內外皆離象。又坎中爻互頤。離中爻互大過。不獨與坎離相聯繫。而坎離能受之以咸恒者。皆藉頤與大過。乃言爻變。

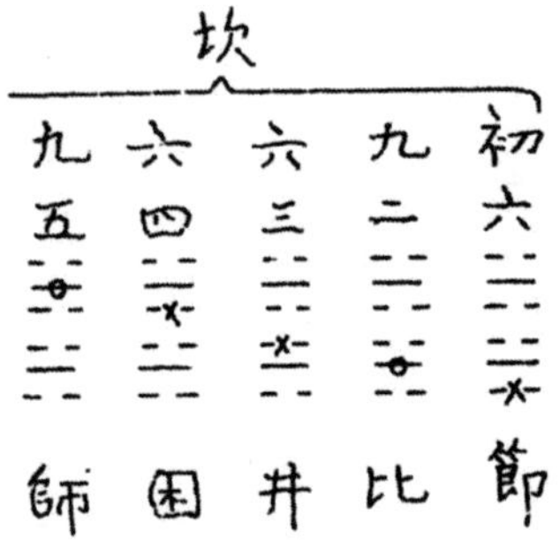

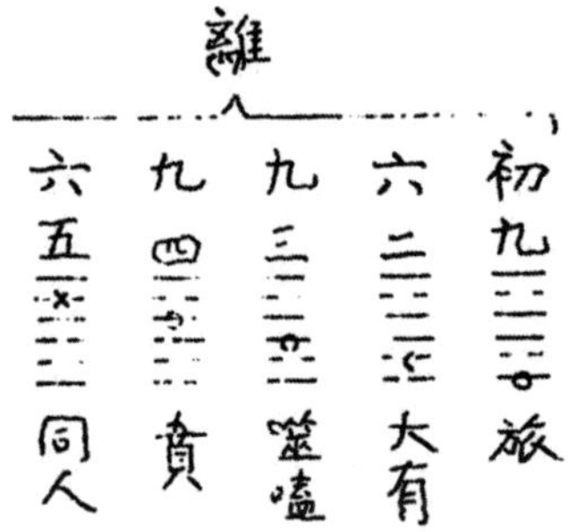

坎爻變用周易序
節渙序
比師序
井困序
離爻變用周易序
旅豐序
大有同人序
噬嗑賁序
坎離爻變用周易序、如上乾坤爻變同推。因同為四正之卦、

上六 ䷺ 渙

上九 ䷶ 豐

坎離兩卦在橫圖序的對比

節旅序
比大有序
井噬嗑序
困賁序
師同人序
渙豐序

虞翻之變之說。以二五之變立說。而不主中爻立說。（繫辭无二五之變說）與橈三爻之說相矛盾。惟二五之變。是孟喜家法。如以中爻互立說。離終互成乾。坎終互成坤。由此可知乾坤至坎離三十卦。一氣貫通。至二五之變。坎二爻五爻變成坤。離二爻五爻變成乾。殆以二五兩爻為人道。然與繫辭之一索二索三索之理則有違。

31 咸 ䷞ ☱兌

32 恒 ䷟ ☳震

兩卦連續頤 ䷚ 頤中爻互坤 ䷁

相錯

損 ䷨ ☶艮

益 ䷩ ☴巽

上下兩卦連續 咸 ䷞ ䷟ 恒（大過、頤）

咸恒兩卦。為難解之一式。一昧於坎離在中之理。凡兌震巽艮四隅之中。皆由坎離分界。正面是坎。則背面是離。二因妄以上下經分卷。以為咸恒為特殊之卦。脫離受之

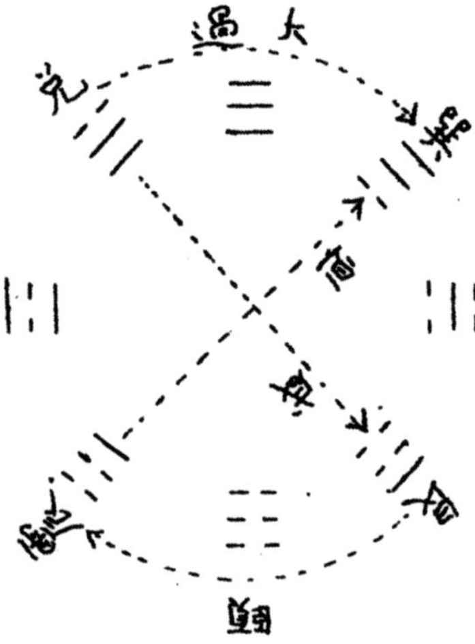

以之規律。三因作序卦傳者。強以父子君臣上下禮義。以配夫婦。封建思想充塞滿紙。韓康伯注此。已斥其非易之緼。（緼即蘊）歐陽修又深譏之。（見易童子問）清代治易者張惠言（周易虞氏義卷八）、江藩（周易述補序卦傳）、李林松（周易述補四）皆有說。張惠言引虞氏說。以咸三爻與上爻互易成否。恒初爻與四爻互易成泰。（虞說不易領會略改）而張惠言云。上經明乾坤。下經明泰否。其說亦不能成立。江藩申虞義。亦无卓見。李林松亦申虞義。以人道三綱六紀立說。義頗陳腐。總之虞說已謬。後人欲申其說。反受其累。因咸恒為四隅之卦。若不用四正之位。即不能會通。如果把乾坤兩卦。與坎離兩卦會通。乃能明其理。咸中爻互䷫姤。（乾一）恒中爻互䷪夬。（坤五、）姤夬皆互乾。是咸恒得乾坤之道。兩卦連續為䷚頤。頤中爻互坤。上下兩卦連續為䷛大過。䷚頤。大過與頤生於乾坤。坎離受之以咸恒者。實由坎離連續之既濟未濟而來。因咸恒與既濟（坎三世）、未濟離☲同為三世卦。咸初爻與四爻互易為既濟。恒三爻與上爻互易為未濟。此世、三世卦受之以之變例。咸恒之卦辭。

咸、亨、利貞、取女吉。

恒、亨、无咎、利貞、利有攸往。

兩卦皆舉亨離、貞坎、然爻无坎離。有以為此坎此離。由坎離受之以既濟未濟而來。然細細研究。尚覺非是。因坎離受之以咸恒之後。坎離之卦理演變已告一段落。不能再用坎離。則此坎此離。乃由四正卦坎離之斡旋。乾坤兩卦。在乾、兌巽之間為☱☴大過。大過中爻互乾。在坤、艮震之間為☶☳頤。頤中爻互坤。離坎兩卦。在離、震兌之間為☳☱歸妹。歸妹中爻互☵☲既濟。巽艮之間☴☶漸。漸中爻互☲☵未濟。而亨貞在既濟未濟之中。因咸恒與既濟未濟皆為三世卦。用兌震亦可。因兌震為☱☳隨。隨中爻亦互☴☶漸。用艮巽為☶☴蠱。蠱中爻亦互☳☱歸妹。繫辭所謂天下同歸而殊塗。細參咸恒兩卦變化之理。乃得典常。至利在咸卦。即外卦之兌是。在恒卦。用本卦中爻互☱☰夬。因由中爻而來。不在本卦。故卦辭重申利字。曰利有攸往。使其德在可恒而已。舊說以此兩卦言昏姻。其說尚未辯。咸卦言戀愛。少男少女。二氣感應以相與。周禮司徒媒氏。中春之月。令會男女。於是時也奔者不禁。故咸卦內卦艮。艮在洛書方位。艮中有寅。寅為孟春之月。下即仲春。故六爻言咸。皆近取諸身立說。非徒感而已。无度則亂。故卦辭以取女吉（取古娶通）。最之。恒之卦名。彖及序卦傳雜卦傳皆以久釋之。義尚未盡。說文、恒、常也。从心从舟。在二之間。上下一心以舟施。恒也。（論語為政篇。施於有政。集解引包注行也。）得此卦之旨。故昏姻之後。不能同心。焉能久於其道。則不恒。恒之六爻。初六九二。夫妻之間。已有相違之象。九三九四。更形（化）離之狀。至六五爻。爻辭及象。已形成男貴女賤。此係曲說。不可從。漢人注釋。惟虞翻說猶存。以乾（乾在中爻互）為一是也。至釋夫子制義一句。虞說至迂。故不引。不知此義字由中爻（互兌）而來。兌為金。屬義。制有斷義。折義之義。論語顏淵篇。片言可以折獄者。折。魯論語作制。言夫子自能裁制於義。獨斷獨行。即今之所謂主觀者是。有違義訓。與乾文言。利者義之和也。又曰利物足以和義之旨全悖。要之和義之說。以和為貴。此爻象云。實係誤解。全為夫為妻綱立說。殊漢人所妄造。與大過九五之爻辭不合。此義字。當從孟子盡心篇。人皆有所不為。達之於其所為義也之義。上六繇辭。棄之象。乃言爻變。

咸

初六	六二	九三	九四	九五	上六
革	大過	萃	蹇	小過	遯

恒

初六	九二	九三	九四	六五	上六
大壯	小過	解	升	大過	鼎

上下兩卦爻變序
革鼎序
大過自序
萃升序
蹇解序
小過自序
遯大壯序

咸恒兩卦。凡二五兩爻皆自序。損益相同。

33 遯 ䷠ 二乾
34 大壯 ䷡ 四坤

兩卦連續頤 ䷚
頤中爻互坤 ䷁
相錯
臨 ䷒ 二坤
觀 ䷓ 四乾

上下兩卦連續遯 ䷠ 乾 頤 大壯

乾交坤旁宮。乾艮為遯。震乾為大壯。乾陽消至二為遯。序卦傳。遯者退也。雜卦。遯則退也。退指陽消至二言。若以遯作遁解。作卻解。實非卦名之義。大壯侯果以此卦本坤。陰柔消弱。剛大壯長。故曰大壯也。侯氏此句有語病。消與消息之消易混。似當以削為允。

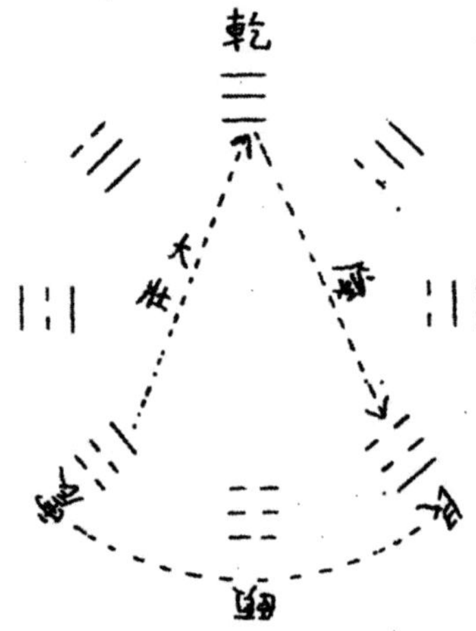

說兌。因此兩卦遯退而大壯進。雜卦傳云、大壯則止、此儒家言、虞翻曰、遂、進也。故大壯上六爻辭。以不能進。不能遂。无攸利。艱則吉。釋之小象又云。不能進。不能遂。為不詳。詳即祥。勗人當日新盛德。見繫辭。止則畫。故謂不詳。

咸恒受之以遯大壯。因䷞咸。上六變為䷠遯。䷟恒。初六變為䷡大壯。遯大壯之卦辭。

遯、亨小利貞。

大壯、利貞。

遯无亨象。又无利貞象。如以大壯中爻互兌。兌為金。屬利。然亦无貞象。且利貞並提。亦非當。如上咸恒兩卦之例也。把乾卦與坎離兩卦會通得䷅訟。䷄需。䷌同人。䷍大有。同人大有之離。即遯卦之亨。需訟之坎。即大壯之貞。至利字在需大有中爻互兌。兌即利。遯小利貞。因內卦為艮。艮為少子。故曰小。遯之義解者皆以遯迹、遯逃、遯藏、遯世、遯逸立說。本旨盡失。因遯之六爻。九三係遯、九四好遯。九五嘉遯。上九肥遯。皆以遯為高節。而宋衷注象之時字云。太公避殷。四皓避秦之時也。後世因之。治宋易者。更尚空譚。黎氏序河上易傳。引胡翹元說。以初六遯尾厲。九三之係遯有疾厲。以東漢之黨錮實之。九三為李固范滂。初六之尾為太學諸生。以六二為陳寔。九四好遯為四皓二疏輩。九五嘉遯為堯舜之揖讓。伊尹之復政。孔孟之遯世无悶。上九肥遯為巢父許由。（節錄胡氏原文。）胡氏此說。殊无深意。隨爻敷義而已。惠棟周易述。遯作遂。遂即遁字。遯遁古通假。說文。遯、逃也。（鄭玄注、亦釋逃。）遁、遷也。義各有別。賈誼過秦論。遁巡不敢進。惠氏以遯為遁。又改上九肥遯。從淮南九師道訓作飛遯。殊有卓見。惜不敢破六爻之譌。此墨守家法使然。其實遯卦之象。內卦為艮。艮止也。言滯留而不進。故初六遯尾厲。勿用有攸往。虞翻曰。艮為尾也。（內卦艮、艮為少男、尾象。）惠棟以爻例初為尾。說較虞氏為勝。至厲。後之解易者。根據小象災字。訓厲為危。（爾雅釋詁同。）余獨以為不然。繫傳舉出吉凶悔吝无咎五者。而无厲及災。今小象釋厲為災。乃艮變離而言。爾雅釋詁。厲、作也。注、穀梁傳曰。始厲樂矣。（穀梁隱五年傳云。九月考仲子之宮、初獻六羽、如借樂矣。尸子曰。舞夏自天子至諸侯皆用八佾。初獻六羽。始厲樂矣。范甯集解。厲作降、解、非。）以象證之。初六變離為䷌同人。離之象曰。明兩作離。鄭玄訓作為起。虞翻訓作為成。火性災上。當從鄭說。凡卜官所作爻辭有厲字者。其內外卦必有艮。或三爻為陽爻。因艮之正位在三爻。又厲在內外卦相接處為多。乾九三厲无咎。是其例。故厲在艮象及艮之正位為多。爾雅釋水。以衣涉水曰厲。又詩邶風匏有苦葉。深則厲。（論語憲問篇、爾雅釋水亦出。）言涉水時。以手承衣曰厲。亦相接之意。在夬卦。孚、號有厲。此厲字不必兌錯艮解。號。說卦傳、兌為口。號之象。又兌為毀折。毀折乃危象。故曰有厲。當從虞翻說釋危。此言尾厲。言作事不事根本。而務徽末。即尾厲之意。災當從復上六鄭玄注。害物曰災。勿用。指卦之初爻。乾卦初九。潛龍（沈驎士曰。龍、假象。）勿用。是明證。有攸往。言時雖勿用。當日進无疆。以求達用之意。六二執之用黃牛之革。莫之勝說。執內卦艮。艮為手。執之象。六二為離之正位。離卦辭。畜牝牛。（虞翻以否坤為黃、牛。坤卦辭牝馬之貞、不言牛。說卦傳坤為牛。不言黃。）以五色言之。凡二五之爻。皆言黃。革初九鞏用黃牛之革。因革內卦為離。王弼注、黃、中也。中為二五兩爻。莫、虞翻曰。无也。勝、能。說（同脫）解也。言處遯時而不以為遯。方得遯之旨。九三以下各爻。以離象立說。上九肥遯。淮南九師道訓。肥作飛。（文選卷十五思玄賦注卷三十四七啟注引云、）遯而能飛。吉孰大焉。因上九變兌。兌為附決。遯雖滯留。附決而飛。故无不利。以飛證肥。乃知係、好、嘉三字。或為後人所改易。大壯為躍進之卦。九三以上。爻皆言羊。因中爻互兌。兌為羊。羊性很。史記項羽本紀。宋義曰。

佷如羊。即其證。乃言爻變。

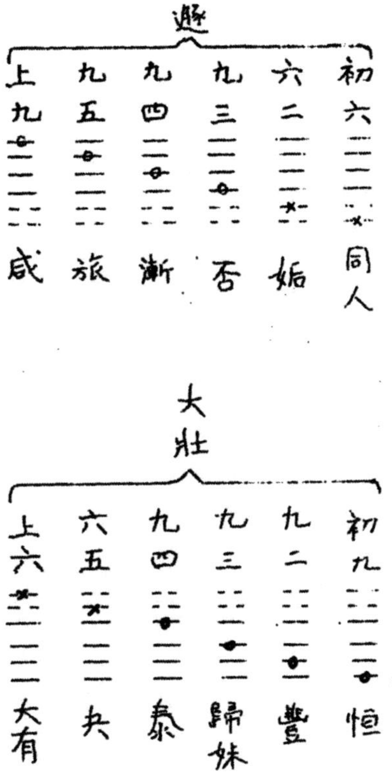

上下兩卦交變
同人大有序
姤夬序
否泰序
漸歸妹序
旅豐序
咸恒序

遯大壯之爻變。當與19臨20觀兩卦合觀之。

35 晉 ䷢ 游乾

36 明夷 ䷣ 游坎

兩卦連續坤 ䷁

相錯

需 ䷄ 游坤

訟 ䷅ 游離

上下兩卦連續晉 ䷢ 坤 離 ䷣ 明夷

離交坤為晉坤交離為明夷。四正卦之游魂。與四隅卦異。如四正卦。5 ䷄ 需 游坤 6 ䷅ 訟 游離 是陰卦。但是晉與明夷兩卦。由乾和坎組織而成。是陽卦。

遯大壯受之以晉明夷。由遯大壯兩卦連續 ䷚ 頤而來頤初四變 ䷢ 晉。三上變 ䷣ 明夷。晉明夷之卦辭。

三易新論

晉。康侯用錫馬蕃庶晝日三接。

明夷。利艱貞。

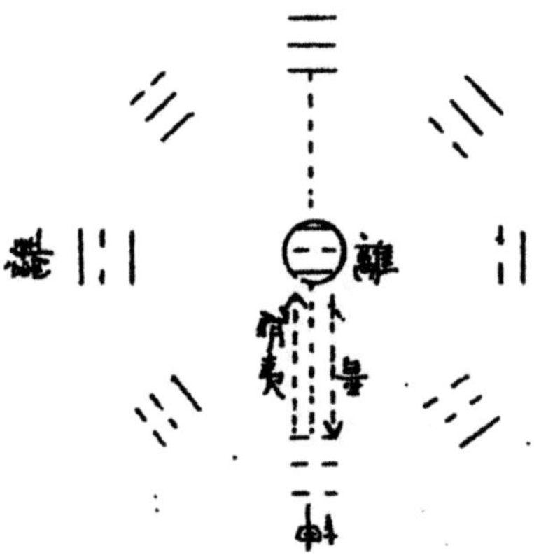

晉卦孟喜晉作齊。見釋文。齊即躋。晉也。康字殊難解。馬融釋安。荀爽陸績虞翻皆從馬。惟陸績多一義。康、樂也。鄭玄注康尊也。廣也。侯果曰康美也。在宋人之說。亦无創見。近世學者。對康字。有不少考證。余以為康侯。乃周時王畿以內食采地者。如周公封於魯。王畿之內。猶有周公。見逸周書王會解。又有祭公。亦為周公之胤。見國語周語上。召公封於燕。王畿之內。亦有召公。見國語周語中。徒食祿而无所事事。乾之游魂也。錫之以馬。使其无逸。以閑馬政。勤者能蕃庶。鄭玄作遮、遮為庶之孳乳。見管子侈靡篇。六畜遮育。五穀遮熟。因晉為乾之游魂。乾為馬。晝日三接。晉外卦離。離為日。晝象。又離次序為三。故曰三。接、說文、交也。接言馬接種。周官、司馬、校人之頒馬攻特。牧師之中春通淫之類。此言使康侯勤事。不致閑散。晉之爻辭。上九晉其角。孔穎達曰。晉其角者。西南隅也。上九處晉之極。過明之中。其猶日過於中。已在於角。而猶晉

易學經典文庫

之。故曰晉其角也。治易者皆未明其說。堯典四仲中星。以攝提斗杓所指。以建時節。見史記天官書。仲夏星火角在未方。（未為西南隅）仲夏屬未。夏季之末。月令為中央土。易言角者。上爻也。

明夷之利。內卦外卦中爻皆无兌象。則无利。因六畫之卦。凡上爻遇一者。乃為兌之正位。（正位、即虞翻所謂半象、如訟、初六小有言、注、震象半見、小畜卦辭、密雲不雨、注、坎象半見之類、震以初爻陽爻為正位、初六變陽、得正位、小畜五爻陽爻乃坎正位、惜其說未能達旨、朱震焦循譏之）故曰利。貞中爻互坎。坎為水。故貞。艱爾雅釋詁難也。虞翻以坎為艱。說迂。

六五箕子之明夷。利貞。惠棟周易述據漢書儒林傳。蜀人趙賓說易陰陽氣亡箕子。箕子者。萬物方荄茲也立說。推崇孟喜趙賓劉向荀爽蜀才。力詆施讎班固馬融鄭湛。並謂馬融俗儒不識七十子傳易之大義。以彖傳有箕子之文。遂以箕子當五。尊五為天位。箕子臣也。而當君位。乖於易例。逆孰大焉。謬說流傳。兆於西漢等語。余一再研究。知卦位卦象。實无荄滋之可證。馬融說。箕子德可以王。故以當五。馬說亦未能盡其蘊。作爻辭時。殷已亡。箕子在周而不臣。列在五爻亦宜。且乾鑿度云。上術（術古通述）先聖。考諸近世。采美善以見王事。言帝乙。（泰六五、歸妹六五、）箕子高宗。（既濟九三、）明有法也。明夷六五。作箕子。可无疑。此為融力詆趙賓之說可无疑。明夷彖曰。內文明而外柔順。內言本心。外言表面。說當參史記龜策傳。乃言爻變。

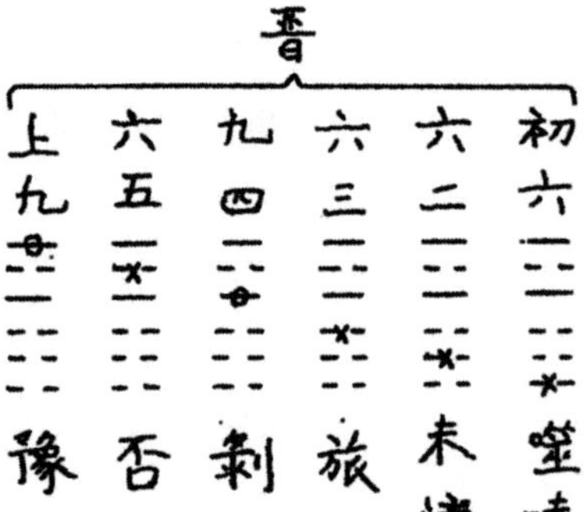

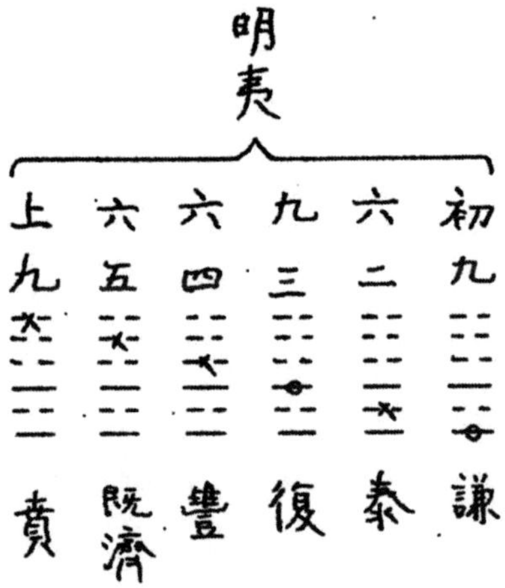

上下兩卦交變序
噬嗑賁序
未濟既濟序
旅豐序
剝復序
否泰序
豫謙序

細參爻變。晉為乾卦遊魂。乾三世卦否。否五爻變為晉。明夷為坎卦游魂。坎三世卦未濟。未濟五爻變為明夷。此為晉明夷兩卦之爻變。

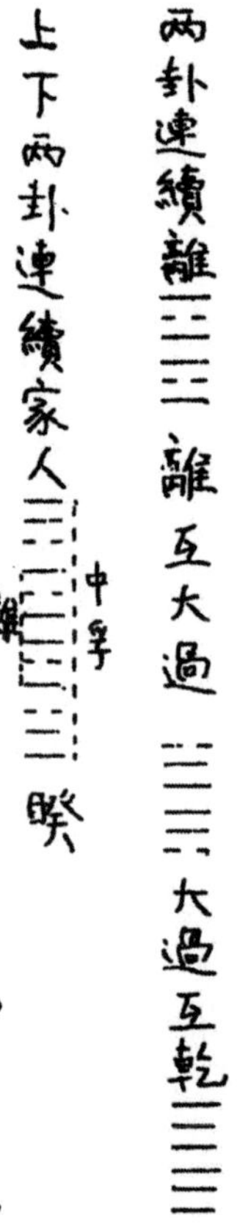

離交乾宮兩旁之巽兌。巽與離交為家人。離與兌交為睽。說卦傳。齊乎巽。家人則

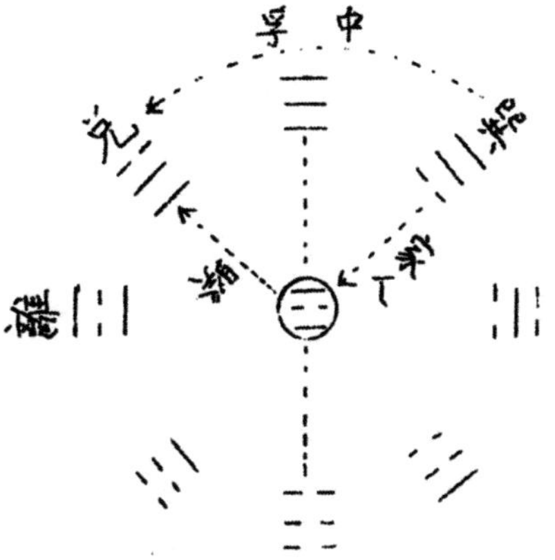

家齊。又兌為毀折。睽則家不齊。乾鑿度。妲己擅寵。大任順季。季即季歷說者謂大任，家人也。妲己，睽也。是根據繫辭易之興也。其當殷之末世周之盛德邪。當文王與紂之事邪。立說過狹。晉與明夷受之以家人睽。實由中爻之互。中爻十六卦。而一互再互終互此十六卦歸根結柢。為乾坤既濟未濟四卦。可證周易六十四卦。首乾坤。終既濟，未濟。推演有條不紊。家人睽兩卦。連續晉明夷者。晉中爻互䷦蹇。四、兌明夷中爻互䷧解。二、震即為家人睽錯解蹇之用。蹇中爻互未濟。未濟中爻互既濟。解中爻互既濟。既濟中爻又互未濟。故家人由既濟而來。家人受之以規則。上九變即是既濟。睽由未濟而來。睽受之以之規則。初六變即是未濟。晉明夷受之以家人睽者。乃在中爻。家人睽之卦辭。

家人。利女貞。

睽。小事吉。

利女貞。惟馬融虞翻兩說猶存。皆據彖女正位乎內立論。馬說家人以女為奧主。長女（巽、外卦巽、巽位在四、陰爻得正位、）中女（離、內卦離、離位在二陰得正位惟坤之正位亦在二）各得其正位。故特曰利女貞矣。虞說女為離巽。二（離二爻為陰爻）四（巽四爻為陰爻）得正。故曰利女貞也。虞承馬說。脫去坤為母。兌為少女。且利貞兩字亦无的解。王弼注。統而論之。非元亨利君子之貞。故利女貞。其正在家內而已。王注更膚。皆由未明續字之義。既濟彖曰不續終也。諸家對續字皆泛泛讀過。不加研究。致利貞之義。在若明若昧之中。若以上下兩卦連續中求之。離中有兌。兌為利。家人中爻互坎。坎為貞。邢璹周易略例序云。是以孔子三絕。未臻樞奧。劉安九師。尚迷宗旨。今此書上下兩卦相續。皆有公式可憑。惟家人之彖。疑後儒所偽。因主張三綱之說。在殷周之際。尚未有也。論語顏淵篇。君君臣臣父父子子。與彖文相類。

睽卦辭小事吉。言睽之外卦離。離為中女。中爻互坎。坎為中男。中女中男。情誼相投。而兌居內卦。兌為少女。故曰小。而中爻互離。離間少女。使中爻所互之坎隔之。故曰小事吉。在爻辭上九後脫之弧。釋文本亦作壺。京馬鄭王肅翟子玄亦作壺。杭辛齋以釋文本亦作壺。（見愚一錄易說訂，）不知所據。且此爻弧、塗、車、弧、壺、兩韻叶。

作壺則不叶。在匪寇婚媾。以弧矢行掠奪。既成婚媾。以壺飧會女家。遇雨則吉句。釋易者皆未諦。虞翻以坎為雨。在掠奪婚媾時。為什麼遇雨則吉。這一句人們非常懷疑。在掠奪時。女家必有人抵抗。男家劫后。饗抵抗的人則彼此和解。雨當為桼字。說文。桼䰍而黏者也。从禾。雨省聲。孔子曰桼可為酒。禾入水也。呂氏春秋權勲篇。豎陽穀操桼酒而進之。(高誘注。以桼為酒器。疑非。)作桼亦叶。乃言爻變。

上下兩卦爻變爻序
漸歸妹序
小畜履序
益損序
同人大有序
賁噬嗑序
既濟未濟序

家人

初九	漸
六二	小畜
九三	益
六四	同人
九五	賁
上九	既濟

睽

初九	未濟
九二	噬嗑
六三	大有
九四	損
六五	履
上九	歸妹

爻變。家人初九為漸。睽上九為歸妹。漸與歸妹。皆言昏婣。

39 蹇 ䷦ 四兌

40 解 ䷧ 二震

兩卦連續頤 ䷚ 頤中爻互坤 ䷁

相錯 睽 ䷥ 四艮 家人 ䷤ 二巽

上下兩卦連續蹇 ䷦䷧ 頤 坎 解

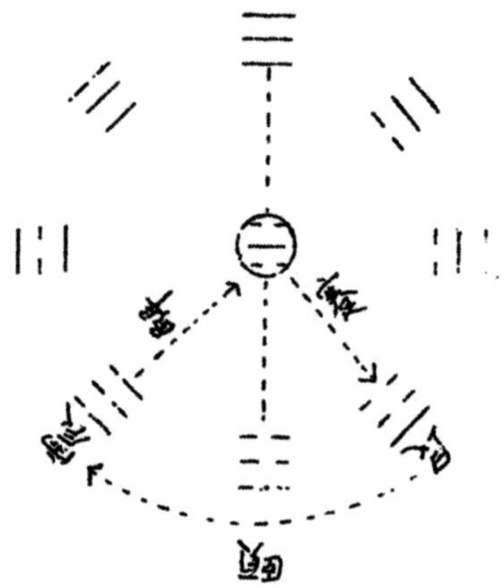

蹇解與睽家人相錯。盡水坎火離之用。坎交坤宮兩旁艮震。坎交艮為蹇。序卦傳。蹇者難也。雜卦傳。蹇難也。震交坎為解。序卦傳、解者緩也。雜卦傳。解緩也。蹇解兩卦。皆言治水。蹇則山上有水。流止不定。易於氾濫。當奠定之。使有歸蓄。則不蹇。故陸績云。水在山上。失流通之性。故曰蹇。陸説允。水性失常。管子水地篇。凝蹇而為人。而九竅五慮出焉。注。蹇。停也。楚辭哀郢。思蹇產而不釋。注。蹇產。詰屈也。上林賦。蹇產溝注。詰曲也。曰停曰詰屈曰詰曲。皆有難意。又楚辭以蹇為發聲之詞。當分別讀之。字又作謇。至解即懈。言雷雨作時。江河水溢。氾濫大地。害及百果草木。百果草木。解彖辭。人民防禦之。使水不至為災。故以不解助之。此蹇解兩卦命名之意。
家人睽受之以蹇解者。家人初上變爻為䷦蹇。睽初上變爻為䷧解。凡卦中
爻互坎離者八。家人巽、睽艮、蹇兌、解震、漸艮、歸妹兌、既濟坎、未濟離。知二陰
二陽有四。為家人睽蹇解四卦。三陰三陽有四。為漸歸妹既濟未濟四卦。凡中爻
互坎離者。皆言水火之功用。故繫辭云。若夫雜物撰德。辯是與非。則非中爻不備。
以家人睽受之以蹇解。其倒益明。家人睽二陰之卦。蹇解二陽之卦。何以家人睽
受之以蹇解。即用中爻之理。此四卦。家人之中爻。（中爻即去初上兩爻）為未濟。睽之中爻
為既濟。蹇之中爻為未濟。解之中爻為既濟。蹇解由家人睽未濟既濟而來
可證。或問屯（坎二世）、蒙（離四世）。荀爽注。蒙彖云。此本艮卦也。案二進居三。三降居二。剛
柔得中。故能通發蒙時。令得時中矣。屯蒙兩卦。也是二世與四世。與家人睽
蹇解相同。而荀爽不主中爻立說。是何故。答曰。荀爽之易。虞翻識之。（見吳書翻傳注引翻
別傳）翻奏曰。……至孝靈之際。穎川荀諝。（爽又名諝）號為知易。臣得其注。有愈俗儒。
至所說西南得朋。東北喪朋。顛倒反逆。了不可知。此云此本艮卦也一句。益覺
顛倒反逆。了不可知。蒙離四世卦。並非艮卦。荀氏謂以外卦艮為本卦。䷃離

初爻消為䷷旅。二爻息為䷱鼎。三爻消為䷿未濟。四爻消為蒙。故蒙為離四世。荀氏未諳消息之例。改消息為乾升坤降。已屬不經。而又創陽在二者。陽爻在二爻。當上升坤五為君。陰在五者。陰爻在五爻。當降居乾二為臣。荀氏主張三綱之說。而云臣升為君。君降為臣。因當時治費氏易者。皆各樹一幟所致。屯坎二蒙離四革坎四鼎離二四正之卦位。家人巽二睽艮四蹇兌四解震二四隅之卦位。兩者不能相混。故與坎離二宮之卦異。又乾坤兩宮之卦。如臨坤二觀乾四遯乾二大壯坤四。雖居四正之位。不與屯蒙革鼎。同一演法。因中爻不同之故。說已詳屯蒙兩卦中。不贅。或又曰。屯蒙革鼎四卦。能否與家人睽蹇解相通。答曰可。以錯綜之變例求之。如屯蒙以左右上下分讀之。

可得蹇解兩卦。

革鼎可得睽家人兩卦。此為變例。茲言蹇解之卦辭。

蹇。利西南。不利東北。利見大人。貞吉。

解。利西南。无所往。其來復吉。有攸往。夙吉。

蹇卦三利字。解卦一利字。卦无兇。何以言利。因蹇為兌宮四世卦。據本宮之卦。而出利字。至利見大人。以五爻陽爻為大人。乾鑿度曰。大人者。聖明德備也。上云。兑四爻消為蹇。消息至四爻而止。五爻仍屬兑位而不動。因其不變。且得乾之正位。故以大人名之。與乾卦二五兩爻之變之大人有異。兑四爻變坎。中爻互離。離為目。故曰見。貞因蹇外卦坎而言。卦辭蹇利西南。不利東北。虞翻釋蹇。坤西南卦。艮東北之卦。又釋解。臨初之四。坤西南卦。初之四。得坤眾。故利西南。往得眾也。荀爽亦以蹇西南謂坤。東北艮也。又以解乾動之坤而得眾。西南眾之象也。王弼釋蹇。西南地也。坤東北山也。艮以難蹇之平地。則難解。以難蹇之山。艮則道窮。又釋解。西南、眾也。(說卦傳、坤為眾、)解難(序卦傳、說卦傳、蹇難也、)濟險。(坎彖、習坎重險也。)利施於眾也。亦不困(解、與困內卦皆坎、)于東北。故不言不利東北也。三說皆以坤為地。為眾。艮為山立說。漢魏人釋此兩卦。以坤居西南。艮居東北。釋之。而兩卦卦畫中。无坤有艮。(蹇內卦艮、)坤在何處。在兩卦連續之頤。頤中爻互坤。

繫辭云。河出圖。洛出書。聖人則之。說卦傳。又出萬物出乎震一章。亦以西南言坤。是以坤象大地。並非大地盡在西南。利西南者。洪水氾濫時。水難地中行。不能入海。以人工奠定之。以盡地利。不利東北者。東北是艮。艮為山。言洪水為山

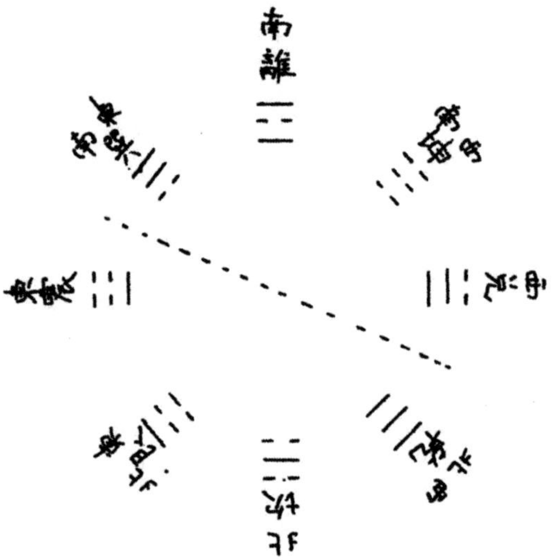

所沮。不能入海。以致氾濫。故曰不利。並非山區盡在東北。是以象明卦。非實言形勢之所在。又申解卦辭。无所往之義。解外卦震。震為足。往之象。解為震二世之卦。消息至二爻已止。外卦之震。在三爻以外。故曰无所往。言在解時。人們束手无策。不思防衛。是无所往之本旨。其來復吉。來復即復卦解七日來復之來復。因蹇解兩卦連續為坤。坤初爻息為復。有攸往。先言无所往。繼言有攸往。爾雅釋言。攸、所也。是有攸往。即有所往也。夙吉。夙、說文早敬也。从丮持事雖夕不休。早敬者也。言解時當有持事不懈之旨。乃言爻變。

蹇

初六 既濟
六二 井
九三 比

解

初六 歸妹
九二 豫
六三 恒

上下兩卦爻變序
既濟未濟序
井困序
比師序
咸恒序

兩卦連續之爻變。當與37家人38睽合觀之。此四卦相連。茲舉四卦之爻變如下。

六四 ䷦ 咸
九五 ䷦ 謙
上六 ䷦ 漸

九四 ䷧ 師
六五 ䷧ 困
上六 ䷧ 未濟

謙豫序
漸歸妹序

一、家人（巽二世卦）睽（艮四世卦）蹇（兌四世卦）解（震二世卦）。其相錯家人睽為解蹇。取同一世位。蹇解為睽家人。亦取同一世位。其相錯與周易之序。互相顛倒。因世位不同之故。

二、家人初九漸。與睽上九歸妹序。蹇上六漸。與解初六歸妹序。因世位不同而異。家人上九既濟。與睽初九未濟序。蹇初六既濟。與解上六未濟序。亦因世位不同而異。而實則相同。不過易位而已。

三、家人六二小畜。（巽一世卦）與睽六五履（艮五世卦）序。蹇六二井。（震五世卦）與解六五困（兌一世卦）序。家人九五賁。（艮一世卦）與睽九二噬嗑（巽五世卦）序。蹇九五謙。（兌五世卦）與解九二豫（震一世卦）序。周易之序。以上下兩卦。由世位成六而來。

四、家人九三益。（巽三世卦）與睽九四損（艮三世卦）序。蹇六四咸。（兌三世卦）與解六三恒（震三世卦）序。

此四隅之三世卦。與乾坤坎離四正之三世卦異。

五、家人六四同人。（離歸魂）與睽六三大有（乾歸魂）序。蹇九三比。（坤歸魂）與解九四師次歸魂序。

41 損 ䷨ 三艮

42 益 ䷩ 三巽

兩卦連續為大過 ䷛ 大過中爻互乾 ䷀

上下兩卦連續 損 益 頤 大過

相錯

咸 ䷞ 三兌

恒 ䷟ 三震

損益為四隅交互之卦。兌艮交為損。震巽交為益。損中爻互 ䷗ 復。（一、坤）益中爻互 ䷖ 剝。（五、乾）剝復又互坤。與咸恒兩卦比較之。咸中爻互 ䷫ 姤。（一、乾）恒中爻互 ䷪ 夬。（五、坤）姤夬之互乾。同為四隅之卦。同為三世之卦。因中爻互體有不同。而卦理亦異。

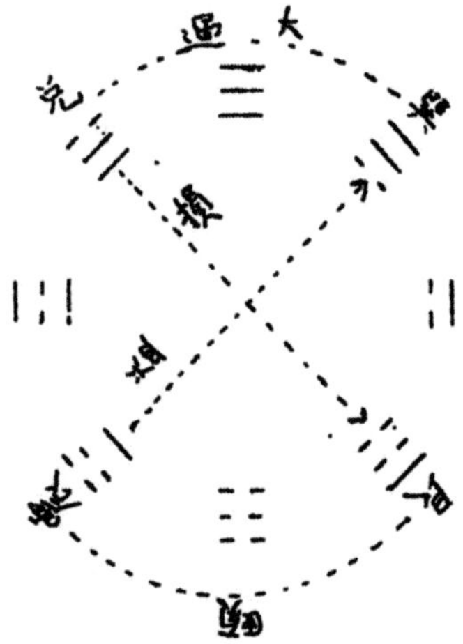

如損內外卦位倒易之為 ䷞ 咸。咸則言少男少女之情感。損則言國與國之相處。益內外卦位倒易之為 ䷟ 恒。恒則言長男長女之始終。益則言物與物之施生。參伍錯綜。能一一通變其數之極。方能得易之真蘊。蹇之解受之以損益者。由蹇解兩卦連續之頤而來。損二爻變☶☳頤。益五爻變亦為☶☳頤。茲闡述損益之卦辭。

損。有孚。元吉。无咎。可貞。利有攸往。曷之用。二簋可用享。

益。利有攸往。利涉大川。

損有孚。此有字與易有太極之有字義同。損卦中有孚。此孚字如何產生。因損卦三爻至五爻係坤。此坤由中爻互而來。係假象。坤在中爻之互。不在內卦外卦。故用有字。有說文不空有也。不空有者。申其義。猶言卦中无坤。即无孚。而坤在中爻互之中以象孚。乃是不空。元、仁也。為木。中爻互有震。震為元。貞、大過包體坎。林栗包體。以陰陽而分。惟爻亂不能包論。得貞。可者。未足之辭也。論語子路篇。期月而已可也。皇侃疏語。可貞之意如此。利有攸往。利指損內卦兌而言。曷、王弼注。辭也。崔憬注。見李氏集解。何也。後之說易者多宗之。實未諦。近人改曷為簋。義亦難通。余以為曷當謂之省。爾雅釋詁。謁。告也。釋言。謁。請也。左傳隱十一年。鄭莊公入許曰。唯我鄭國之有請謁焉。杜注。謁告也。又昭四年。使豎牛請曰。入弗謁。杜注。謁見也。說文。謁。白也。謁為賓禮。損內卦兌。

兌彖曰。兌，說也。說卦傳同彖。序卦傳。兌者說也。雜卦傳。兌見。義與賓合。作謡字義始通。二簋者兌居二。故曰二簋。說文、黍稷方器也。字从竹，以竹為之。損中爻互震。說卦傳。震為蒼莨竹。九家易曰蒼莨青也。震在東方。色屬青。鄭玄以巽為木。離為日，木器而圓為簋。鄭說不可從。二簋雖菲薄。用於賓禮。以誠為貴。享亨說文一字。說禮者多以饗為之。

益之利。取兩卦連續之䷛大過外卦之兌。若取林栗包體之說。則為坎。林說本諸元祐八年（一〇九三年）高麗進書京氏周易占。今本作京氏易傳。乾卦曰，包四象。大過卦曰去本末。陸績頤卦注上下陽位。（位字為爻。頤卦卦畫為䷚。上下陽爻。爻位不同。）包陰。林氏承之。宋衷小過卦辭注云。二陽在內。上下各陰。（小過䷽宋氏所謂二陽在內。但係四爻并兩爻為一爻故云。）有似飛鳥舒翮之象。故曰飛鳥。亦言包體。不過林栗以包四象為例。衍為六十四卦。盡可用包體。則失諸鑿。淳熙十二年四月（一一八五年）進周易經傳集解。包體之說已刪。明人楊時喬周易古今文全書附傳易攷。載包體圖。實无足觀。余因林栗之說研究之。所說包體者可得八卦。益之頤大過兩卦。得十卦。

1. ䷀乾。以兩爻為一爻。得☰乾。（初二作一爻讀，三四作一爻讀。五上作一爻讀。餘類推。）

2. ䷁坤。以兩爻為一爻。得☷坤。

3. ䷒臨。以兩爻為一爻。得☳震。

4. ䷓觀。以兩爻為一爻。得☶艮。

5. ䷠遯。以兩爻為一爻。得☴巽。

6. ䷡大壯。以兩爻為一爻。得☱兌。

7. ䷼中孚。以兩爻為一爻。得☲離。

8. ䷽小過。以兩爻為一爻。得☵坎。

以上八卦包體之排法相同。至頤與大過。乃另一排法。

9. ䷚頤。以上下兩陽爻。各為一爻。二至五係陰爻。為一爻。得☲離。

10. ䷛大過。以上下兩陰爻。各為一爻。二至五係陽一爻。得☵坎。

林栗包體之說。與朱熹互相攻訐。為南宋一段公案。其實包體僅十卦而已。如益之利涉大川。當用包體解大川。因益卦畫无坎。此云利涉大川者。當據連續之大過包體而得坎。故曰大川。乃言爻變。

「初九䷚蒙

「初九䷩觀

上下兩卦爻變序

損

九二 ䷚ 頤
六三 ䷙ 大畜
六四 ䷥ 睽
六五 ䷼ 中孚
上九 ䷒ 臨

益

六二 ䷼ 中孚
六三 ䷤ 家人
六四 ䷘ 无妄
九五 ䷚ 頤
上九 ䷂ 屯

蒙屯序
頤自序
大畜无妄序
睽家人序
中孚自序
臨觀序

凡爻變遇乾坤坎離頤大過中孚小過八個卦皆自序。此損益兩卦。頤中孚皆自序。31咸 32恒亦三世卦。必大過小過自序。

43 夬 ䷪
44 遘 ䷫
一乾五坤

兩卦連續乾 ䷀

相錯
剝 ䷖
復 ䷗
一坤五乾

上下兩卦連續夬 ䷪ 乾 大過 姤

乾之旁宮兌巽與乾交。兌與乾交為夬。說卦傳。兌為附決。孔穎達正義。秋物成熟。稿稈之屬則毀折。果蓏之屬則附決。先子周易易解云。附者。物附於地也。秋熟時物之直者故毀折。物之垂者故附決。夬之命名由此。雜卦傳。夬。決也。釋名。釋言語。夬。決也。有所破壞決裂之於終始也。解夬義諦。故器破為缺。水不循道曰決。皆

夬之孳乳。乾坤鑿度。設人文夬。是據繫辭上古結繩而治。後世聖人易之以書契。蓋取諸夬立說。姤字本作遘。避宋趙構諱改。鄭玄作遘。可證。遘。彖序卦傳雜卦傳皆曰遇也。詩鄭風野有蔓草。邂遘相遇。釋文本作逅。逅為遘俗字。今易作姤。姤亦媾俗字。

損益受之以夬姤者。即由損益兩卦連續之三三大過而來。大過初爻變為夬。大過上爻變為姤。大過中爻互為乾。乾上爻變為夬。乾初爻變為姤。以變則通之理明之。乃能合易則變之道。茲述夬遘之卦辭。

夬。揚于王庭。孚號有厲。告自邑。不利即戎。利有攸往。

遘。女壯。勿用取女。

此兩卦漢魏釋者。皆无例可舉。虞翻以夬與剝旁通。乾為揚為王。剝艮為庭。故揚于王庭。虞氏以乾為揚。揚是形容辭。不必以象言之。且虞氏所舉遯象。孚號有厲。告自邑。不利即戎。虞翻震為告。六爻无震。此虞氏謬說。其實夬上卦兌。兌為口。告之彖。虞氏又云坤為自邑。坤在錯卦之剝復。自字亦不必以彖證之。因來自錯卦。故曰自。不利即戎。利為外卦兌。而夬為坤宮之卦。不屬乾宮。故曰不利。戎指乾兌。乾兌屬金。戎之象。利有攸往者。利亦指外卦兌。彖以剛長乃終也釋之。在☷☳復卦。七日來復。利有攸往。而彖以利有攸往。剛長也釋之。剛陽也。長即消息之息。彖以消息為消長。剛長在☷☳復卦。即坤卦陰息於初爻。故曰剛長。剛長者。即陰息。陰息為陽。陽為剛。故曰剛長。在夬卦。增乃終兩字。因坤卦初爻息為☷☳復。二爻息為☷☱臨。三爻息為☷☰泰。四爻息為☳☰大壯。五爻息為☱☰夬。今夬為坤宮五世卦。故曰剛長乃終。其理如是。

遘。女壯。內卦巽為長女。故曰壯。勿用。巽說卦傳為進退。為不果。勿用也。與乾初九。變巽。潛龍勿用之勿用同意。遘。彖。遇也。柔遇剛也。序卦傳。遘者遇也。雜卦傳與彖同。鄭玄注曰。女壯如是。壯健以淫。故不可娶。取娶古通。婦人以婉娩為其德也。又曰。一陰承五陽。一女當五男。苟（苟謂苟且）相遇耳。非禮之正。故謂之遘。又彖勿用取女。不可與長也。王肅注曰。女不可取。以其不正也。不可與長久也。鄭王兩注。實背卦辭及彖辭。王肅以長作長久解。殊違。言男女雖相遇。對於婚娶。尚心存猶豫。因內卦巽進退不果之象。與長之與。與當訓從。國語齊語桓公知天下諸侯多與己也解與從也。不可與長。言乾初爻消為遯。乃是消不是息。故以不可從長出之。乃言爻變。

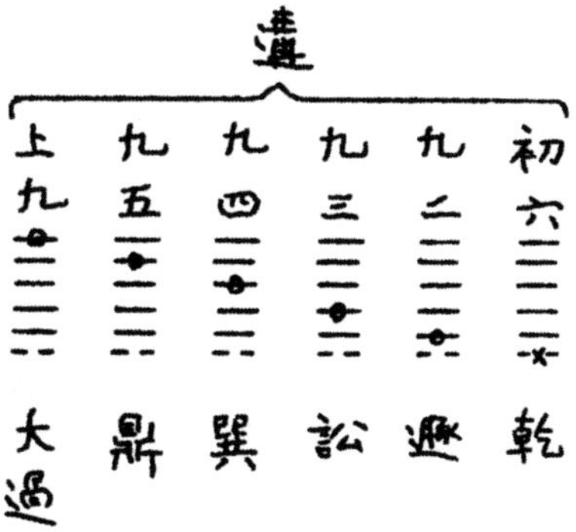

上下兩卦爻變序
大過自序
革鼎序
兌巽序
需訟序
大壯遯序
乾自序

夬遯爻變。與23剝24復互參。

45 萃 ䷬ 二兌
40 升 ䷭ 四震

兩卦連續 ䷁ 坤

相錯 大畜 ䷙ 二艮
无妄 ䷘ 四巽

上下兩卦連續萃

乾宮兩旁兌巽與坤交。兌交坤為萃。坤交巽為升。萃中爻互 ䷴ 漸。艮歸漸中爻又互 ䷿ 未濟。離三升中爻互 ䷵ 歸妹。兌歸歸妹中爻又互 ䷾ 既濟。坎三乾坤

鑿度曰。聚民以萃。與序卦傳萃者聚也同。說卦傳。萃聚而升不來也。不當讀丕。

萃升兩卦。與19臨20觀組織相似。而其用則不同。因臨觀屬四正之卦。萃升屬四隅之卦。其別如此。古時祭天祭地祀先。以之聚民。故萃之卦辭。王假有廟。用大牲吉。明明言祭祀。而萃之六爻。皆言无咎。升之卦辭。雖未言祭祀。而六爻皆言祭祀。儀禮覲禮。祭山丘陵。升。祭川沈。升為祭儀之一。小爾雅廣言。登。升也。升可假借為登。古天子崩曰升遐。列子黃帝篇則作登遐。是其證。升卦似言舊君殁。新君即位之象。故受之以用錯。夬溝受之以萃升者。在乾坤錯。即萃內卦之坤。錯為內卦之乾。升外卦之坤。錯為外卦之乾。乃言萃升之卦辭。

萃。亨。王假有廟。利見大人。亨。利貞。（利貞二字疑衍。王弼本彖无此二字。）用大牲吉。利有攸往。

升。元亨。用見大人。勿恤。南征吉。

萃卦亨字。亨屬火。由中爻之未濟而言。王指萃卦五爻得位而言。下文大人亦同。（見乾之九五爻利見大人。）亨前已言之。利貞兩字。王弼本彖无此兩字。當從之。用大牲。坤為牛。牛為大牲。大牲係祭品。利有攸往。言祭時民眾從之。故亨。惟初六一爻有孚不終。乃亂乃萃。若號一握為笑。勿恤。往无咎。此爻的文字太覺深奧。今譯其文。萃初六。祭禮集會的時候。族人心懷嫌疑。（襲王弼注。）一時秩序大亂。發出一種憤怨叫聲。主祭者開誠布公。在那時、前嫌盡釋。握手言歡。不要憂慮。可以前進。沒有壞的現象。

升之元。在中爻互歸妹之震。震木元。升之亨。在中爻互歸妹之離。離火亨。又為見之象。南征。坤為南方。故曰南征。此為舊君死。新君即位之象。在六爻中為九三升虛邑。義難明解。荀爽說。坤稱邑。五虛无君。荀氏以五陽爻為君位、今陰爻居之、无君之象。利二上居之。荀氏不知爻變。仍以二居五立說。故曰升虛邑。无所疑也。荀氏之說。仍以二五易位立說。尚非蘊義。九三變震。震為長子。震卦的彖辭說。出可以守宗廟社稷。以為祭主也。古代宗族社會。以祭祀為重大之事。父死以後。代父主祭的兒子。就是傳統的主人。舊君升遐。君位已虛。叫作虛邑。新君繼立。所以小象无所疑也四字解之。恤。說文。憂也。南征。程頤朱熹皆以前進解之。說膚。又曰征。進也。南征者。進於南也。未諦。南即論語雍也篇。雍也可使南面。衛靈公篇、恭己正南面而已矣、之南。征、正之假借。孟子盡心篇。征之為言正也。是明證。乃言爻變

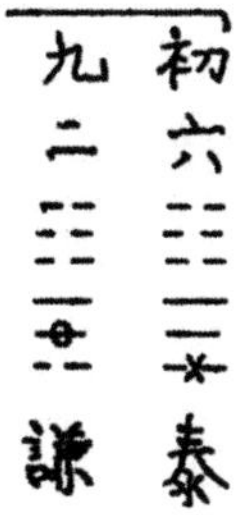

上下兩卦爻變序

隨蠱序

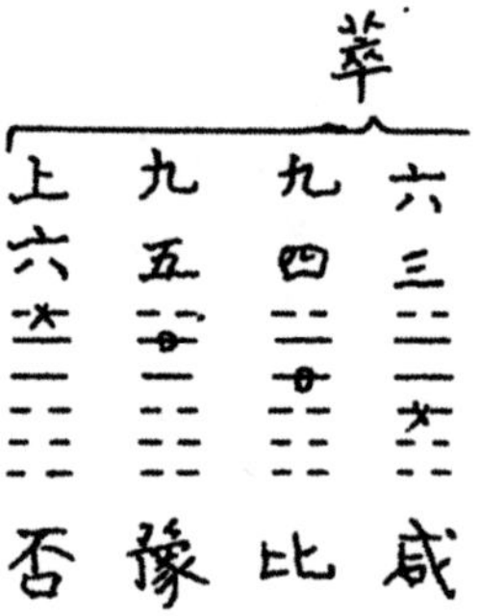

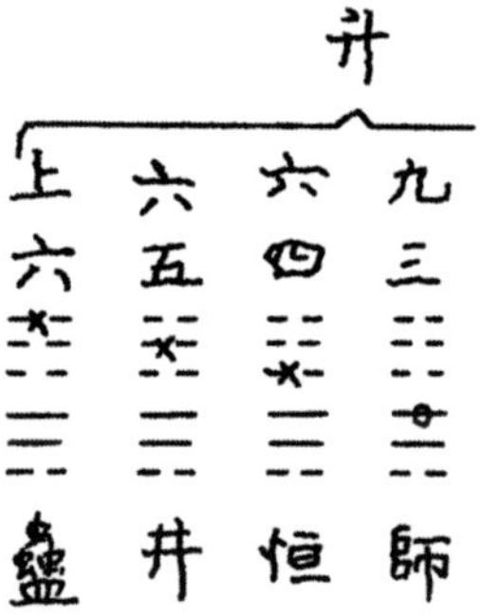

困井序
咸恒序
比師序
豫謙序
否泰序

萃升爻變與25无妄26大畜互參。

47 困䷮ 一兌 五震
48 井䷯

兩卦連續坎䷜ 坎中爻互頤䷚ 頤中爻互䷁坤

相錯 賁䷕ 一艮 五巽
噬嗑䷔

上下兩卦連續困

井

此兩卦言坎卦之大用。坎是言水之功用。所謂困者。言水源乾涸。不能從事於農業。民食維艱。井者言方里而井。鑿井以便民飲食灌溉有所需。井內田畝。天旱時可以无慮。此井卦之作用。故其錯卦為賁。賁之卦辭。小利有攸往。困中爻互䷤家人。家人中爻互䷿未濟。未濟故困。用水有困。井中爻互䷥睽。睽中爻互䷾既濟。去睽之異。而通既濟之同。

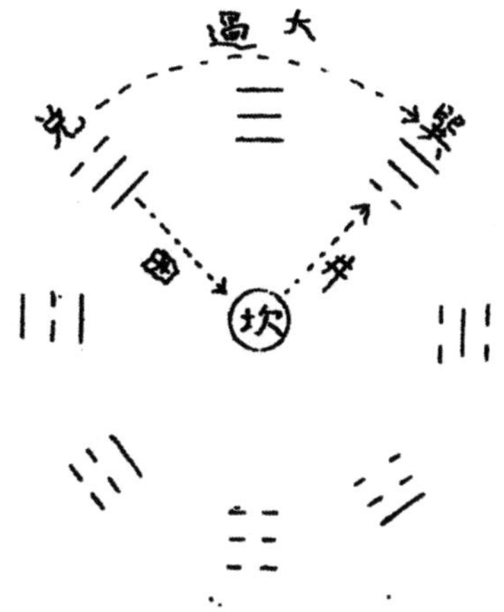

萃升受之以困井者。在二五兩爻之之變。以萃十二爻變為困。升五爻變為井。乃言困井之卦辭。

困。亨。貞。大人吉。无咎。有言不信。

井。改邑不改井。无喪无得。往來井井。汔至亦未繘井。羸其瓶。凶。

困。亨。指中爻互離言。貞。指內卦坎言。大人。指五爻為陽爻得位言。有言之言指兌言。有言不信。劉向說苑雜言。說孔子遭難陳蔡之境遭難一節。引此。全以人生處境之困立說。結語云。聖人所與人難言信也。則信當作伸解。與繫辭尺蠖之屈以求信也義同。象以有言不信。尚口乃窮釋之。釋名釋言語。信申也。言以相申束使不相違也。其義相同。惟困之本旨實言水源缺乏。故大象以澤无水釋之。而漢魏諸家自孟喜至王弼。皆以處境窮厄立說。實未能探源。

井之卦辭。鄭玄釋之曰。井。法也。又曰。坎。水也。井外卦坎。坎為水。巽木桔槔也。井內卦巽。巽為繩。直桔槔之象。

槔、說文新附字。正字橰。莊子天地篇。其名曰槔。司馬注。桔槔也。廣韻。六豪。槔。桔槔。集韻。六豪。槔、檔。一曰桔橰。揳器。或作檔。司馬光類篇。桔槔。楔器。或作桔檔。檔為正字。槔橰槔皆為體。咎皐古通。如皐陶古作咎繇是其證互體兌離。離外堅中虛。瓶也。兌為暗澤。泉口也。兌為口言桔槔引瓶。下入泉口。汲水而出。井之象也。井以汲人。水无空竭。猶君以政教養天下。惠澤无疆也。繘。綆也。羸讀為蘽。鄭氏此釋。僅及井字。至改邑不改井。无喪无得。往來井井三句。不着一字。井為震宮五世卦。五不變外卦為坤。今變井。外卦為坎。坤為邑。變則邑改。是邑雖改而井不變。故曰改邑不改井。田固井形。而其中復有井。故曰井井。是以鄭氏玄以法釋井。井有一定之禮法。上下可守。初六禽字。雉憬曰。禽古擒字。禽、獲也。言久廢之井。無所獲也。考禽當作捦。捦。說文。急持衣衿也。三蒼、捦、手捉物也。廣雅釋詁。捦、持也。經傳皆以禽為之。又廣韻二十一侵襟捦擒通。集韻。或从禁从禽从今。通作禽。困井兩卦之爻變。

困

初六	⚋⚋⚊⚊⚋⚊	兌
九二		萃
六三		大過
九四		坎
九五		解

井

初六		需
九二		蹇
九三		坎
六四		大過
九五		升

上下兩卦爻變序
兌巽序
萃升序
大過自序
坎自序
解蹇序
訟需序

上六 ䷅ 訟

上六 ䷸ 巽

困井交變與22賁21噬嗑互參

49 革 ䷰　50 鼎 ䷱　二離四坎

相錯　蒙 ䷃　屯 ䷂　二坎四離

兩卦連續離 ䷝　離互大過 ䷛　大過互乾 ䷀

上下兩卦連續革 ䷰ 鼎 ䷱（離　大過）

離居中。乾宮兩旁兌巽來交。兌與離交為革。離與巽交為鼎。革去故而鼎取新。言社會鼎革。革中爻互 ䷫ 姤。一乾鼎中爻互 ䷪ 夬。五坤亦為去故（言指姤）取新（言指夬）而言。

困井受之以革鼎者。此是變例。即繫辭所謂功業見乎變是。（功業即今謂之功利）在 ䷮ 困卦。去初六為 ☵☱ 五畫。以中爻互讀之為 ䷰ 革。故困能受之以為革。在 ䷯ 井去上六為 ☴☵ 五畫。以中爻互讀之為 ䷱ 鼎。王弼易學。實出費氏。所作周易略例。辯位一章。實言中爻。其言曰。无初（初即初爻）上（上即上爻）得位失位之文。王氏語有道着處。乃言革鼎兩卦卦辭。

革。己日乃孚。元亨利貞。悔亡。

鼎。元吉亨。

革之卦辭。元亨利貞。言人能革。乃可得之與乾坤兩卦相同。而悔亡矣。悔即吉凶悔吝之悔。繫辭曰。悔吝者。憂慮之象也。又曰。悔吝者。言乎小疵也。兩者並提。鼎之元。在內卦之巽。說卦傳。巽為木。是元。元在內卦。故曰吉。亨即外卦之離。說卦傳。離為火。是亨。此兩卦與繫辭易之興也。其當殷之末世。周之盛德邪。當文王與紂之事邪。相合。在革之九四。悔亡。有孚。改命吉。王充論衡譴告篇云。離下兌上曰革。革。更也。火（革內卦離）金（革外卦兌）殊氣。故能相革。如俱火而皆金。安能相成。（相成承上文無相覺悟之感。感古咸。咸成形似而譌。）述革之義諦。鼎之初丸。鼎顛趾。利出否。得妾以其子。无咎。史記殷本紀。言帝乙妾生微子。帝乙以微子賢。欲立為太子。太史據法力爭。乃立紂為後。事與爻相合。惟殷之王位相承。兄死弟繼。與本紀不合。上六言革面。革面者。非心革也。惟心革。則天下不變。革道大成矣。鼎能取新。與革同。（參錄李世序河上易傳語）

＊言微子非嫡子。下得辭。呂氏春秋當務篇

總革鼎兩卦。名雖異。其實革之後。方得鼎象。宋人之說。泥於忠君立說。實失諸遠。乃言爻變。

革

初九	六二	九三	九四	九五	上六
咸	夬	隨	既濟	豐	同人

鼎

初六	九二	九三	九四	六五	上九
大有	旅	未濟	蠱	姤	恒

上下兩卦爻變序

咸恒序

夬姤序

隨蠱序

既濟未濟序

豐旅序

同人大有序

革鼎爻變。與3屯4蒙互參。因屯二坎 蒙四離 革四坎 鼎二離 同為坎離之卦。故爻變排列似人異。若倒讀之同。

51 震

52 艮

兩卦連續為小過

小過互大過

大過互乾

相錯

巽 純八

兌 純八

上下兩卦連續

震

小過 小過

艮

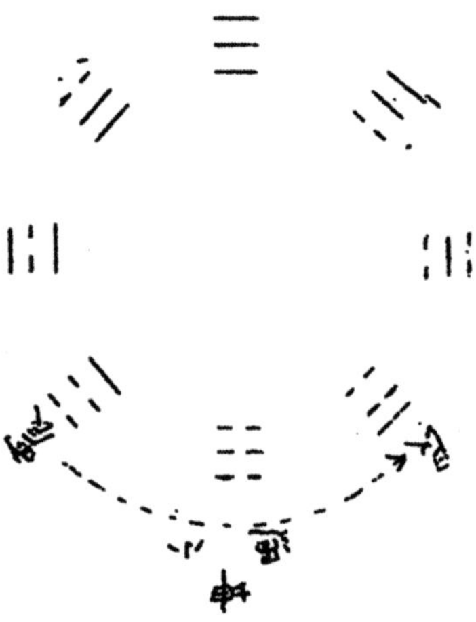

此以震重卦與艮重卦相序。與諸卦八兌震為序。如謙兌五世與豫震一世序、咸兌三世與恒震三世序、蹇兌四世與解震二世序、萃兌二世與升震四世序、困兌一世與井震五世序、十卦。巽艮為序。小畜巽一世與履艮五世序、噬嗑巽五世與賁艮一世序、无妄巽四世與大畜艮二世序、家人巽二世與睽艮四世序、損艮三世與益巽三世序、十卦。不同。因四者六爻之變。不能相序之故。非由震艮序不可。下巽兌序同。此即變而通之理。震艮為坤宮兩旁之卦。故可上下相序。下巽兌序、乾宮兩旁之卦

亦同虞翻以臨二之四為震。觀五之三為艮。由臨觀之變釋震艮。義仍相左。震互☵☶蹇。四兌艮互☳☵解。四、震上下兩卦。震艮相序。而中爻之互仍兌震相序。仍不離謙豫至損益二十卦之範圍。中爻互蹇解。即是震兌兩卦相序之關鍵。繫辭謂中爻辯是與非是也。以中爻互解震艮相序之蘊。而震艮仍在兌震之中。若從虞翻之說。則臨中爻互☷☳復。觀中爻互☶☷剝。不與震兌有關。而屬乾坤。震艮兩卦之連續中爻之互終於乾。復剝中爻之互終於坤。以乾坤中爻之互。以演求震艮之序。雖曲折可通。終未能直解。

革鼎受之以震艮者。在革、鼎連續之卦為䷝離。離三上兩爻變䷝為䷲震。離初四兩爻變䷝為䷳艮。是震艮兩卦之組織。皆在離卦陽爻之變之中。因離為中女為陰卦。故變陽乃言震艮兩卦之卦辭。

震。亨。震來虩虩。笑言啞啞。震驚百里。不喪匕鬯。

艮其背。不獲其身。行其庭。不見其人。无咎。

震卦之亨。由中爻互蹇（蹇中爻互離、）離為火屬亨。來謂外卦。虩虩疊字。震為洊震。乃是重卦。故用疊字。說文。虩。易履。虎尾虩虩。恐懼。一曰蠅虎也。徐鍇曰。易曰震來虩虩。是蠅虎為又一義。漢宋治易者以蠅虎釋之。失其義。震為雷。雷時人必恐懼。論語鄉黨篇。迅雷風烈必變。啞啞、鄭玄注。笑也。百里。漢宋諸家。皆无的解。漢酈炎對事。謂炎曰。古者聖人封建諸侯。皆云百里取象於雷。雷何取也。炎曰。易震為雷。亦謂諸侯。雷震驚百里。曰何以知之。炎曰。以其數知之。夫陽動為九。其數卅（御覽作三十下同）六。陰靜為八。其數卅二。（三十六與三十二說見第十大衍章、）震一陽動。（一陽為三十六策、）二陰靜。（陰三十二策、二陰為六十四策加陽策三十六得百策）故曰百里。（見古文苑及御覽十三、）酈說較馬融鄭玄陸績虞翻為勝。王充論衡雷虛篇云。夫千里不同風。百里不共雷。易曰震驚百里。…… 王充之說。以據當時諺語。以證百里。宋程頤易傳。謂雷之震動。驚及百里之遠。人无不懼而自失。唯宗廟祭祀執匕鬯者。則不致于喪失。唯誠敬而已。此處震之道也。程氏此說。義不可通。陸績云。匕者棘匕。撓鼎之器。江藩李林松周易述補譏。皆以詩雅大東。有捄棘匕。傳、匕所以載鼎實。棘赤心也。鬯匕、周禮宗伯鬯人。掌共秬鬯而飾之。注秬鬯不和鬱者。江藩周易述補云。鬯、香草、譌。係鬱人文注。不是鬯人文注。且注云。鬱、香草、鄭玄注鬱為草若蘭。又如本卦六三震蘇蘇。以死而復生稱蘇。皆死守虞義。不以馬融鄭玄王肅三說。以證虞義之非。先子曰。蘇蘇。虩虩之反也。與馬融蘇蘇尸祿素餐皃合。不喪匕鬯句。彖无之。呂祖謙古易音訓。引唐徐鄭周易新義。出字上脫不喪匕鬯四字。王昭素胡瑗從之。惟此句疑衍。而出字朱熹疑為鬯之譌。然亦无左證。至艮卦辭云。艮其背。艮為山。以背象山。又曰。行其庭。不見其人。艮說卦傳云。艮為門闕。庭在門闕之內。故卦辭着以行。因艮中爻互震。震為足。行之象。乾坤鑿度艮為鬼冥門。鬼所處則无人。故曰不見其人。以象分析之。當可了解。彖上艮止也。說卦傳序卦傳雜卦傳皆同。而治宋易者。以彖艮其止。止其所也。北晁氏云。當依卦辭作背。在聲韻止背同紐。不過聲之清濁不同爾。乃言爻變。

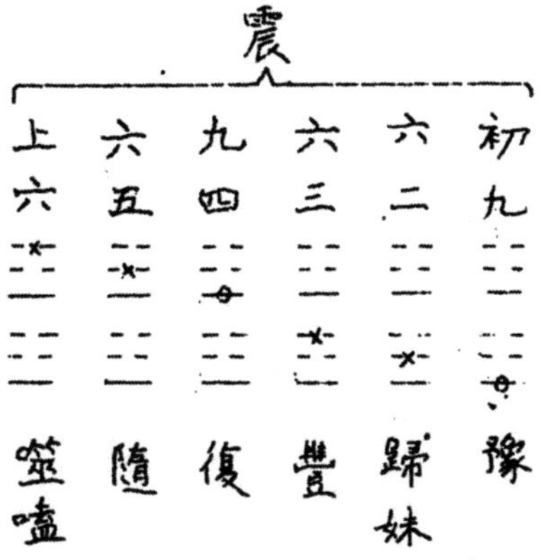

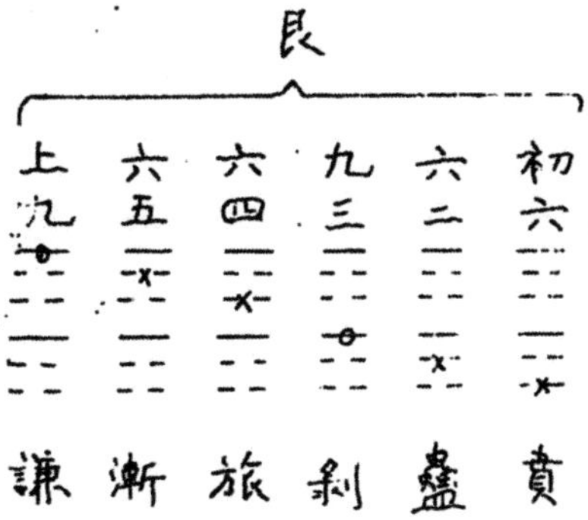

上下兩卦爻變序
豫謙序
歸妹漸序
豐旅序
復剝序
隨蠱序
噬嗑賁序

震艮爻變之序。與乾坤坎離巽。四正與四隅之八純卦。爻變之別如此。

漸與歸妹。四隅( )相交之卦歸魂也。漸中爻互䷿未濟。三離歸妹中爻互䷾既濟。三坎漸卦辭曰。女歸吉。利貞。歸妹征凶无攸利。陸希聲曰。陳振孫書錄解題。唐吳郡人著易傳解說一卷。

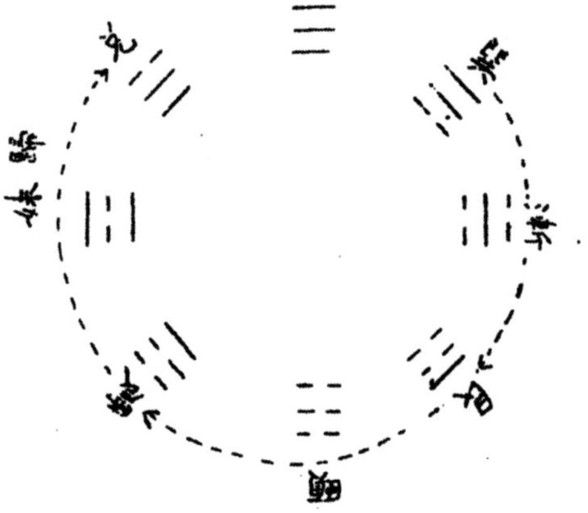

微旨三卷、具書未見、茲據折中卷十彖下傳集說引、易以咸恒為夫婦之道。漸歸妹為夫婦之義。漸四爻得正。巽之正位在四爻、今四爻為陰爻、彖曰、進得位、故得正。故女歸吉。歸妹四爻失位。歸妹四爻為陽爻、四爻當陰爻居之、今陽爻、故五失位、彖曰、征凶、位不當也。陸氏之說。即闡取兩卦彖語。以漸歸妹為夫婦之義。恐非的解。並且夫婦之道。夫婦之義。道義兩字。陸氏分開來說是差的。在繫辭。理財正辭禁民為非曰義。是義字之於周易。有一定之界限。至咸恒損益四卦。是用對宮取卦。隨蠱漸歸妹四卦。是用（　）上下交互立說。彖雖舉出大要。而立論尚簡。至大象舉一卦之功用而言。淺人讀之。以為與彖无涉。若能知象。方能知大象之旨。大象必用以字。以字即是是。以象來解釋卦。其義自明。程頤釋漸。周於禮教。以廉恥為本。胡炳文曰。咸取女吉。取者之占也。漸女歸吉。嫁者之占也。又胡氏釋歸妹上六云。程傳以為女歸之无終。本義朱熹注、以為約婚而不終。蓋曰士曰女。未成夫婦也。胡氏與其父斗元，皆承朱熹、之學。上溯伊洛以接洙。泗囿於舊見。此宗派使然。總之宋時以理學自鳴的經生。從程氏餓死事小。失節事大之謬言。據漸歸妹兩卦。創三從之說。這是妄據漸歸妹兩卦之繇辭。附會穿鑿。使易理盡失。

震艮受之以漸歸妹者。震中爻互䷦蹇。蹇上九變為漸。艮中爻互䷧解。解初九變為歸妹。乃言卦辭。

漸。女歸吉。利貞。

歸妹。貞凶。无攸利。

以咸恒兩卦對比漸歸妹兩卦。茲舉咸恒兩卦之卦辭以證之。

咸。亨。利貞。取女吉。

恒。亨。无咎。利有攸往。

漸言女歸吉。言女子在待字之年。當適人。與咸之取女吉義異。因咸已由戀愛相悅。當取女以遂其願。漸卦有貞（貞在中爻互坎）而无利。利何在。因漸與歸妹之相錯。上下兩卦互相錯。漸錯歸妹。歸妹內卦兑。兑厲利。恒。利有攸往。言夫婦之道。歸妹貞凶。歸妹中爻互坎。坎厲貞。坎在四爻。繫辭舉出中爻之定例。四多懼。不言多凶。此言凶者。以歸妹錯漸而言。漸之中爻互坎在三爻。繫辭云。三多凶。凶由錯而來。歸妹內卦兌。本有利。今錯漸而兌不見。故曰无攸利。虞翻謂艮為小子。初失位。初爻陽爻為震之正位、今陰爻乃失位，故厲。虞氏小子厲是也。釋有言亦為。孔穎達正義。以夫既樂於邪配。妻亦不能保其貞。非夫而孕。故不育也。見利忘義。貪進忘舊。凶之道也。故曰夫征不復。婦孕不育凶也。利用禦寇者。異體合好。恐有寇難。離間之者。然相比相順。共相保安。物莫能間。故曰利用禦寇也。孔氏解釋。未據殷周之際的史實。得不到正確的說法。在漢人釋此者。有鄭玄虞翻兩說。亦无的論。復、說文。復、往來也。不復。言其夫與婦絕。婦不教育其子。漸之六爻。惟初上兩爻。釋巽之絜齊。二至五爻。以嫁與未嫁來對比。自漢至今對漸卦之解說。不曰昏姻。即曰仕進。一无定論。繫辭巽以行權。此卦似之。上九鴻漸於陸。故瑗改陸為逵。程頤朱熹從之。折中云。陸字與九三重。九三之陸與復育叶、然細考之、亦不同紐、以豳風九罭陸復宿叶、古讀已叶。改逵以叶韻。然逵儀古韻實非叶也。意者陸乃阿字之誤、阿大陵也。進於陵。漸九五鴻漸於陵、則阿矣。儀。古讀俄。正與儀叶。詩云、菁菁者莪。在彼中阿、既見君子、樂且有儀。小雅菁菁者莪篇、是其證。作阿亦非。王弼注、峩峩清遠。據王注、當作峩。作峩亦叶。說文。峩、嵯峨也。

歸妹彖辭。一則曰天地之大義也。再則曰人之終始也。與卦辭征凶无攸利相矛盾。歸妹為兄嫁妹。六五爻云。帝乙歸妹。可為左證。白虎通云。帝乙謂成湯。後漢書荀爽傳云。湯有娶禮。歸其妹於諸侯也。乾鑿度以帝乙為湯。子夏傳同。虞翻以為紂之父為帝乙。項安世曰。古言嫁。例稱歸妹。（項說未諦。上漸卦辭女歸吉。不言歸妹。女歸與歸妹不同。）易帝乙歸妹。詩俔天之妹是也。項氏又云。帝女下嫁之禮。至湯而備。湯嫁妹之辭曰。無以天子之富而驕諸侯。（王應麟困學紀聞引京房說。上有無以天子之尊而乘諸侯十字。）陰之從陽。女之順夫。天下之義也。（困學紀聞作本天地之義也。）往事爾夫。必以禮義。湯稱天乙。或者亦稱帝乙乎。商代帝女下嫁諸侯。其事不可考。商祀六百餘載。帝女下嫁。（後人著易。稱王姬下嫁。姬周姓。非商姓。筆誤。）其事非一。歸妹上六爻辭。女承筐无實。士刲羊无血。左傳僖十五年晉嫁伯姬于秦。史蘇占之。遇歸妹䷵之睽䷥。其繇曰。士刲羊。亦无衁也。女承筐。亦无貺也。（貺、鈕樹玉云。貺通作況。鈕氏以說文不出貺。故云。貺爾雅釋詁貺賜也。為兄之假借。）與周易異。因古之繇辭。太卜皆自作。故不一例。周易卦爻辭。乃卜官所集錄。以此證之。益信。乃言爻變。

初六 ䷤ 家人
六二 ䷸ 巽
上下兩卦爻變爻序

初九 ䷧ 解
九二 ䷲ 震
家人睽序

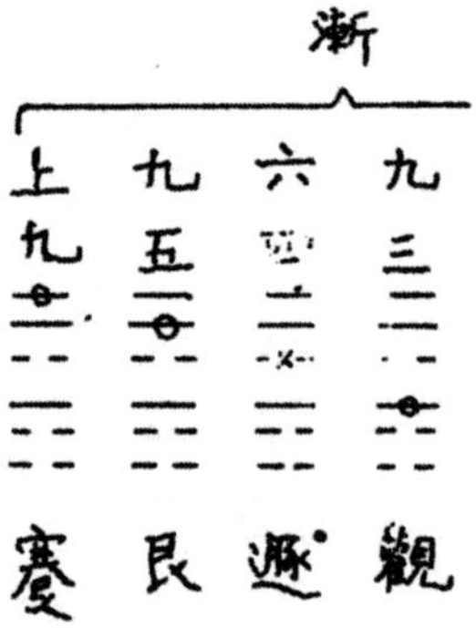

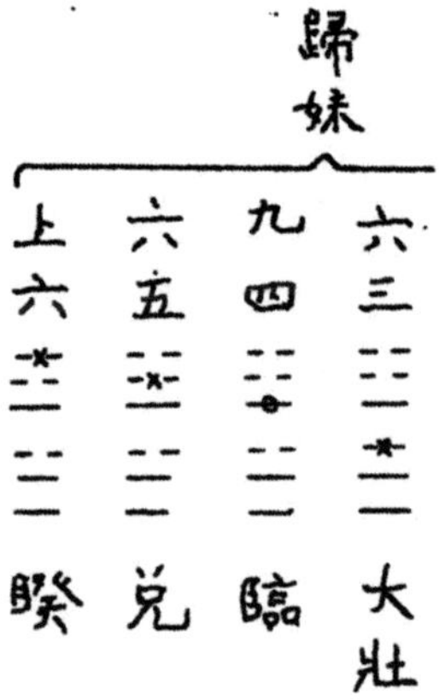

巽兌序
觀臨序
遯大壯序
艮震序
蹇解序

漸歸妹橫圖序的對比

家人解序
巽震序
觀大壯序
遯臨序
艮兌序
蹇睽序

漸歸妹為四隅之歸魂。與17隨18蠱同。故爻變之世位亦與隨蠱同。二爻五爻

在周易為巽兌序。艮震序。

55豐 ䷶
56旅 ䷷
一離五坎

兩卦連續離 ䷝ 離中爻互大過 ䷛ 大過中爻互乾 ䷀

相錯
渙 ䷺ 五離
節 ䷻ 一坎

上下兩卦連續豐

旅

虞翻釋豐曰。此卦三陰三陽之例。當從泰二至四。而豐三從噬嗑上來之三。折四

於五獄中而成豐。（虞氏逸象、坎為獄。）又釋旅曰。賁初之四。否三之五。非乾坤往來也。與噬嗑之豐同義。此虞氏仍以挠三爻立說。豐旅與噬嗑賁。如圖組織相似。而實質不同。噬嗑賁與47困48井相錯。故爻變之世位相同。說已詳困井爻變中。至豐旅與59渙60節相錯。虞氏此說殊非。至云非乾坤往來也。更違易旨。因六十四卦。陽消陰息。一陰一陽。使六十四卦反覆相錯不能離乾水火坤兩卦之往來。此虞氏之失言。馬其昶注周易費氏學。從沈善登（需時眇言卷八圖說下。文經馬氏刪改。）以老子言道大天大地大王亦大釋大。馬氏廣沈氏之義。謂豐大也。惟王能致豐。（王能致豐。實未明其因。）故曰王大之。所謂身尊居高也。（此襲徐幹中論。）傳中言王之大。以所尚者大。大謂得賢者之助也。馬說誤。豐旅繼漸歸妹。說易者以為豐三之二為歸妹。旅四之五為漸。與受之以之理不合。因豐旅連續為大過。大過中爻互乾。乾為天。緣本卦之坎離。以人道欲合天道。而无地道以濟之。故豐之六爻。以凌虛之說。仰觀出之。擬議天文。以豐雖大。失去實際。故序卦傳以窮大。雜卦序以多故解之。旅則无室家之安。困卦无坤。无地道。奔走四方。進退失所。故序卦傳曰。旅而无所容。雜卦傳曰。親寡旅也。漸歸妹受之以豐旅者。是變例。繫辭曰。其初難知。（初即初爻）其上易知。（上即上爻）本（本即初爻）末（末即上爻）也。王弼周易略例。重言初上。（在明爻通變章、明卦適變通章、辯位章略例下、䷶豐卦之類是也）王氏以玄言出之。致正義論云。至隋侯果云。本末。初上也。初則事微故難知。上則事彰故易知。解釋略見清楚。至杭辛齋易數偶得。揭出一三五及二四六兩個問題。杭氏以一三五。天數也。天陽之生數也。（凡數一三五七九為生數、即繫辭天一天三諸數）杭說是。又揭出二四六的一則。杭氏謂二四皆生數。而六則成數。杭氏此說殊非。（凡二四六八十耦數是成數、細讀管子及呂氏春秋諸書、能知大畧）不能分析生數成數。又不知王弼已說過。失之疏。或說漸為艮之歸魂。艮為陽卦。當受之以豐。歸魂為兌之歸魂。兌為陰卦。當受之以旅。或說亦非。乃不知穀梁傳孤陰不生。獨陽不長之理。須彼此互易。然後陰陽和。方合受之以之理。䷴漸去上爻為⚊⚊⚊⚋⚋。以六爻求之為䷷旅。漸陽而旅陰。得受之以之理。䷵歸妹去初爻⚊⚋⚋⚋⚊。以六爻求之為䷶豐。歸妹陰而豐陽。亦得受之以之理。杭氏又於七字一則云。一三五。三居中。二四六。四居中。（杭氏所謂三居中、四居中、即同中爻變化。）而杭氏以佛氏說法搪塞之。

亦失之鑿。乃言卦辭。

豐。亨。王假之。勿憂宜日中。

旅。小亨。旅。貞吉。

豐卦辭內卦離。故亨。兩卦連續中爻互乾。虞翻曰。乾為王。假。爾雅釋詁。大也。故象曰。尚。大也。勿憂。坎其于人也為加憂。干寶曰。豐。坎宮。干説是。因卦屬坎宮。乃多憂之卦。今无坎象。故曰勿憂。日中。內卦離。離為日。日在當中。為極盛之時。過時則昃。豐之六爻。初九六二九三九四皆言星象。以仰觀立説。

旅。旅為行旅之旅。釋文。王肅旅。軍旅。失其六旨。而六爻中亦不言戎事。雖六五爻出射字。而下文又加雉字。非軍旅之事可證。小亨。內卦艮。艮為少男。小之象。亨為外卦離。旅无坎象。此云貞者。據兩卦連續大過。包體為坎立論。乃言爻變。

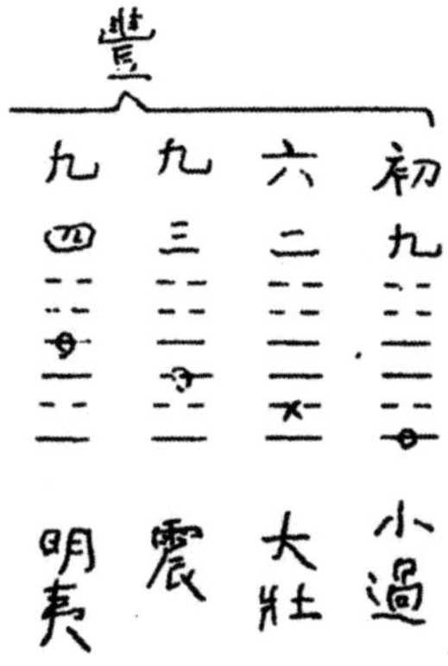

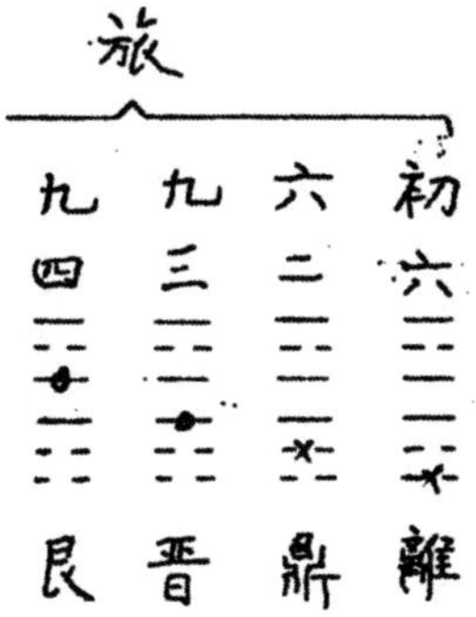

上下兩卦爻變序

小過自序

大壯遯序

震艮序

明夷晋序

革鼎序

豐䷶六五 革

上六 豐䷶ 離

豐旅兩卦與59渙60節相錯。

57 巽䷸ 上世

58 兌䷹ 上世

兩卦連續為中孚䷼ 中孚中爻互頤䷚ 頤中爻互坤䷁

震䷲ 艮䷳ 相錯

上下兩卦連續巽䷸兌䷹ 中孚

巽兌相序。巽兌為乾宮兩旁之卦。各自為序。巽中爻互䷥睽。四、艮睽中爻又互

䷾既濟。三、坎兌中爻互䷤家人。二、巽家人中爻

又互䷿未濟。三、離既濟未濟。得坎離之半。繫辭

及說卦傳謂之人道。兌為少女。巽為長女。乾統

三女。巽兌得其二。猶震艮。震為長男。艮為少男。

坤統三男。與震艮得其二相同。

豐旅受之以巽兌。因豐旅兩卦連續之卦為離為

旅䷷六五 遯

上九 旅䷷ 小過

離自序

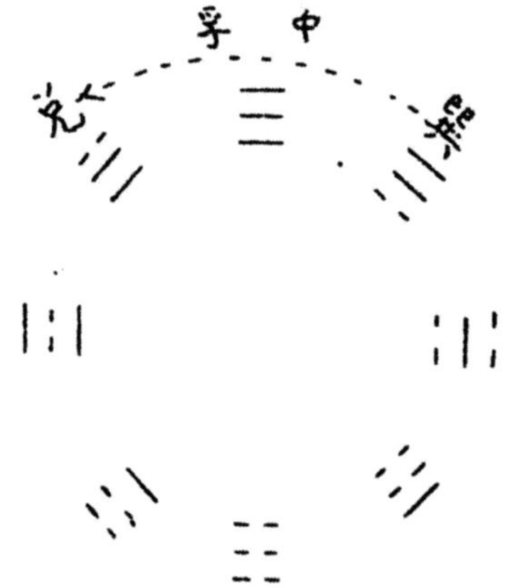

大過為乾。終於乾。以乾為主。乾初四兩爻變為☴巽。乾三上兩爻變為☱兌。若二五兩爻變為☲離乾錯坤。坤統三女。其變如此。一定之正式。乃有條不紊。或以革鼎受之以震艮。何以與巽兌不同。答以革（四坎）鼎（二離）豐（五坎）旅（一離）。同屬坎離兩宮之卦。或曰。何以受之以不同。答以因世位不同之故。至震為長男。艮為少男。若求坎為中男。在離之錯坎。易變化多方。要皆有一定之例。乃言卦辭。

巽。小亨。利有攸往。利見大人。

兌。亨。利貞。

卦有陰陽之別。陽卦云小。以艮為之。陰卦云小。以兌為之。巽卦所謂小。不是指艮。而是指兌。巽卦小。指兌而言。所謂亨。指中爻互離而言。巽卦而三女皆備。利指中爻互兌而言。若不揣其本而齊其末。於巽卦之卦辭。寫不能通。巽之象曰。君子以申命。申命。王弼未注。巽之卦辭出兩利字。利有攸往之利。明指巽中爻互兌而言。利見之利。亦指中爻互兌是利。中爻又互離是見。巽卦六爻在九五。先庚三日。後庚三日。理與蠱卦辭先甲三日。後甲三日同。在九三（六四）田獲三品。三品諸家義有多端。虞翻以艮為狼。坎為豕。艮二之初。離為雉。翟玄以田獲三品。下三爻也。謂初巽為雞。二兌為羊。（據中爻立說）三離為雉。

(亦據中文立說)王弼謂田獲三品。一曰乾豆。二曰賓客。三曰充君之庖。程頤朱熹襲王說。對於古說。喜節外生枝。李鼎祚據穀梁傳曰。(桓四年文。)春獵曰田。夏曰苗。秋曰蒐。冬曰狩。田獲三品。一為乾豆。二為賓客。三為充君之庖。(王弼即據穀梁傳立說。)注曰。(即范甯注。)上殺中心。次殺射(范射作中)髀骼。以供賓客。(范无此四字。)下殺中腹。(范甯注云。下殺中腸汙泡。故曰上殺次殺下殺。)充君之庖廚。尊神敬客之義。(范注无此句。)李氏之說。不過加演王弼之義。亦非真諦。品字之義。即乾之象。品物流形之品。田所獲之物謂之品。今云三品。乃田所獲者多品而已。殷人尚卜田時必卜。獲某多少。卜辭中則載明之。周禮冢宰。宰夫之職。有宰禮之法。注。三牲牛羊豕具為一牢。皆為家畜。又膳夫。羞用百二十品。注。羞出於牲及禽獸。以備滋味謂之庶羞。是周人品物繁多。又庖人有六獸六禽之品物。注云。鄭司農云。六獸麋鹿熊麕野豕兔。六禽雁鶉鷃雉鳩鴿。又獸人。冬獻狼。夏獻麋。春秋獻獸物。(注。凡獸皆可獻也。)凡祭祀喪紀賓客。共其死獸生獸。似三品為祭祀喪紀賓客之品。非指禽獸之數。大司馬職掌蒐田(注。春田為蒐。)獻禽以祭祀。苗田(注。夏田為苗。)獻禽以享礿。獮田(注。秋田為獮。)致禽以祀祊。狩田(注。冬田為狩。)入獻禽以享烝。不過言及祭祀。而所屬諸職。與田獵有關者。述及喪紀賓客至多。故疑三品為三者供具也。

兌，亨利貞。項安世曰。亨利貞自是三德。非利在於貞也。項說是詰程頤所謂然為說之道。利在貞。詰朱熹二義。謂卦體中而柔外剛中。故說而亨。柔外。故利於貞……。又柔外故為說亨。剛中故利於貞。亦一義也。程朱說襲王弼注及孔穎達疏。卦辭出亨。象无之。兌係八純卦。乾元亨利貞。兌則亨利貞。兌中爻互巽。巽屬元。卦辭不舉元者。因克害之故。京房易傳所謂兌純金用體是。兌中爻互離屬亨。本卦兩兌屬利。中爻互家人。家人又互未濟。皆有坎。坎屬貞。在兌卦。彖云。說以先民。民忘其勞。說以犯難。民忘其死四句釋兩說字。主象者以虞翻撓三爻之說。去象已遠。尚性理者。均不能脫王弼注之科臼。在歐陽修欲別樹一幟。謂見小惠不足以說人。而私愛不可以求說。是以說作悅解矣。悅、說文未出。兌為口說也。出兩說字者。因兌卦為重卦。一說字指兌內卦。一說字指兌外卦。即象所謂麗澤兌。麗澤即兩澤。釋文引鄭玄云。離猶併也。是其義。此說字當作告解。說以先民。民忘其勞。與論語子路篇。子路問政。子曰先之勞之義同。孔安國注云。先導之以德。使民信之。易曰說以使民。民忘其勞。孔氏此注。拘於為政以德。為政篇文。說而謬。此言告民以勞。而身先之。民乃忘其勞。說以犯難。民忘其死。淮南子主術訓。臨死亡之地。犯患難之危。許慎注。犯猶遭也。一本作高誘注。言孔子之道事雖異。臨大節時思想則同。是言告之遭難而身親之。民乃忘其死。兌為毀折。兌內卦忘勞。外卦忘死。將內外卦分別解釋。其義自明。結句說之大。民勸矣哉。兌為口舌。勸用口舌。乃言爻變：

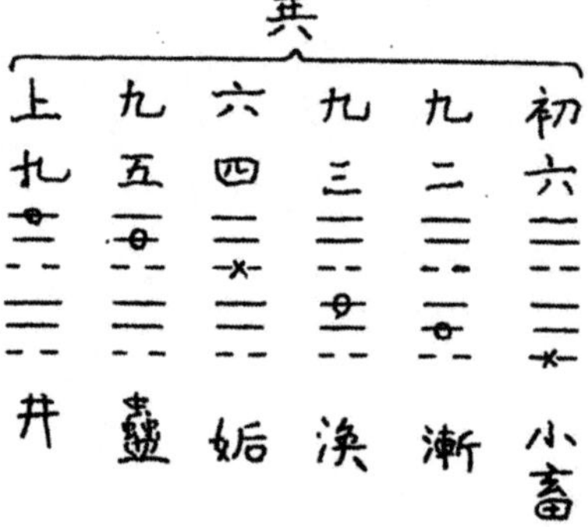

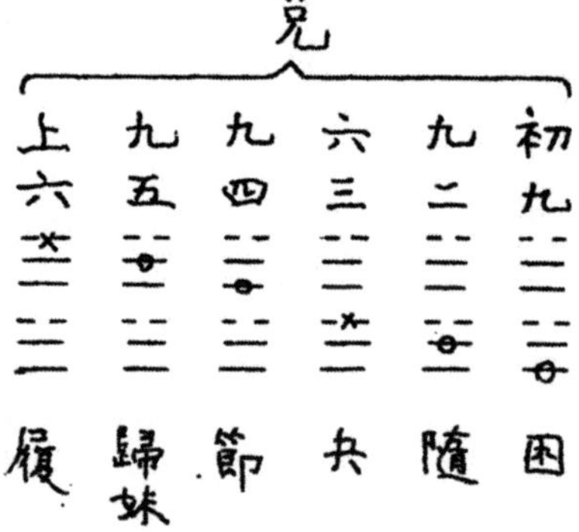

上下兩卦爻變序
小畜履序
漸歸妹序
渙節序
姤夬序
蠱隨序
井困序

巽兌震艮四卦合橫圖序的對比(巽震序兌艮序)
小畜豫序
漸歸妹序
渙豐序
姤復序
蠱隨序
井噬嗑序
以上巽震之爻變
困賁序
隨蠱序
夬剝序
節旅序
歸妹漸序
履謙序
以上兌艮之爻變

合巽兌兩卦觀之。盡錯綜之理矣。

59 渙 ䷺

60 節 ䷻

一坎五離

兩卦連續為坎 ䷜ 坎中爻互頤 ䷚ 頤中爻互坤 ䷁

相錯

豐 ䷶

旅 ䷷

一離五坎

上下兩卦連續渙 中孚 坎 節

坎居中。以交乾宮兩旁之巽兌。巽與坎交為渙。坎與兌交為節。豐旅與55渙56節。陰陽相錯。故豐之卦曰。豐亨王假之。渙之卦辭曰。渙亨王假有廟。兩卦之大別如此。又旅之卦辭云。旅小亨旅貞吉。節之卦辭云。節亨苦節不可貞。其辭不同。在豐旅二卦。連續為離。此渙節兩卦連續為坎。離坎相錯。盡水火之大用。以繫辭說卦傳明之。即言坎離為三才之人道。又證之中爻之互。豐旅兩卦相續為 ䷛ 大過。渙節兩卦相續為 ䷚ 頤。大過錯頤可知錯之大用。大過中爻又互 ䷀ 乾。頤中爻又互 ䷁ 坤。乾坤又相錯。以明人道。欲藉天道地道以濟之可知六

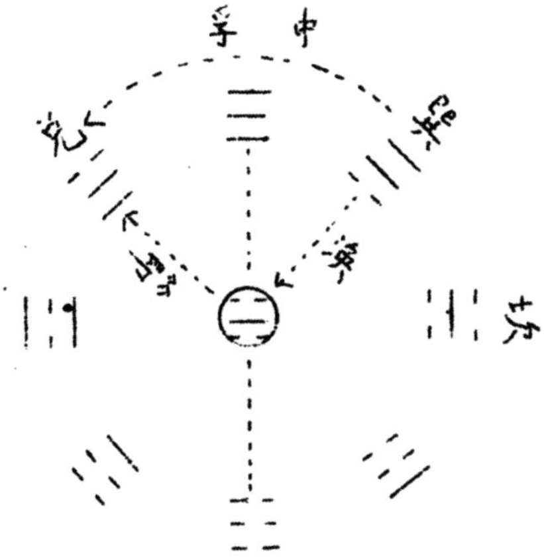

十四卦。在周易皆在乾坤坎離四個四正之卦錯綜之中。因此四卦皆盡屬坎離兩宮之卦。故重言以申明之。故渙則王假有廟。借立廟以集族人。使渙而不渙。是古代立廟之事。乃當時社會的現象。

巽兌受之以渙節者。巽䷸九三變為渙。兌䷹九四變為節。乃言卦辭。

渙。亨。王假有廟。利涉大川。利貞。

節。亨。苦節不可貞。

渙。據卦辭來解釋。虞翻云。巽木坎水。故乘木有功。虞說亦非是。巽為柔木。如何能乘木有功。不知舟楫之利。即乘木有功。不在外卦之巽。而在中爻互震。震非柔木。其材可作舟楫。故曰利涉大川。卦辭云亨。渙无離象。是无亨。不知渙之亨。在渙節兩卦互頤䷚。大象似離。故曰亨。王假有廟。渙中爻互艮。艮為門闕為閽寺。廟之象。利由上下兩卦連續之中孚中孚下卦兌而來。胡炳文本義通釋云。易以巽利涉大川者三。胡氏以巽為利涉。當細為分析。巽為風。風利舟之利涉是。惟作舟楫。非巽木所能勝任。當分說之。此皆以木言。益曰木道乃行。益外巽內震。木道指震言。中孚曰乘木舟虛。中孚外巽內兌。中爻互震。曰乘虛。言不在本卦。而在中爻之互。渙曰乘木有功也。十三卦言製器尚象。舟楫之利。獨取諸渙。是以此也。胡氏之說。不知木有震之木。係木材。巽之木。係柔木百草之類。

作舟者當用震木。又不知巽為風。為利舟之具。失之。繫辭云。刳木為舟。剡木為楫。舟楫之利。致遠以利天下。蓋取諸渙。其說已闡明卦辭。九家易云。木在水上。流行若風。舟楫之象也。虞翻以巽木坎水。故乘木有功。兩說皆膚。因不知中爻互震。震木可作舟楫。朱熹以致遠以利天下疑衍。朱說亦謬。律以全文。屢舉利天下。不衍可證。渙之九五。渙汗其大號。渙王居无咎。馬其昶以渙汗其大號句。此句人人五言讀。當不必加句。渙。馬其昶以渙為句。失義。此渙字當續下。馬氏如此讀。實昧於渙卦之義。

節。亨。與渙同。苦節。虞翻云。謂上也。應在三。三變成離。炎上作苦。位在火上。故苦節。雖得位乘陽。故不可貞。虞氏此說。拘於撓三爻立說。其實炎上作苦。由兩卦連續為坎。坎中爻互䷚頤。頤大象似離立說。貞據坎言。不可因節中爻互艮。艮止也。故曰不可。節之卦辭。不過近取諸身。若遠取諸物。以利天下者。節。亦言治水。國語周語三。澤。水之鍾也。侯果云。澤上有水。以隄防為節。見李氏集解。程頤云。為卦澤上有水。澤之容有限。澤上置水。滿則不容。為有節之象。故為節。又曰。澤之容水有限。過則盈溢。是有節。故為節也。伊川易傳二。蘇軾云。水之始至。澤當塞不當通。既至。當通而不當塞。故初九以不出戶庭為无咎。言當塞也。九二以不出戶庭為凶。言當通也。至是而不通。則失是而至於極。(東坡易傳六)朱震曰。澤之容水。固有限量。虛則納之。滿則洩之。水以澤為節也。君子於民亦然。制其多寡。制其隆殺。制數度也。制數度者。坎也。(漢上易傳六)郭雍云。澤无水困。則為不足。澤上有水。(節大象文)則為有餘。不足則為困。有餘則當節。理之常也。(郭氏傳家易說六)侯氏以下四說。皆據節之初六小象通塞立說。虞翻早有說。惜膚。乃言爻變。

渙

初六 中孚
九二 觀
六三 巽
六四 訟
九五 蒙
上九 坎

節

初九 坎
九二 屯
六三 需
六四 兌
九五 臨
上六 中孚

上下兩卦爻變序
中孚自序
觀臨序
巽兌序
訟需序
蒙屯序
坎自序

61 中孚 游艮
62 小過 游兌

兩卦不能相續其聯繫為隨 隨中爻互漸 漸又互未濟

相錯

中孚 ䷼　小過 ䷽

游艮　游兌

上下兩卦聯繫中孚 ䷼ 漸 隨 小過

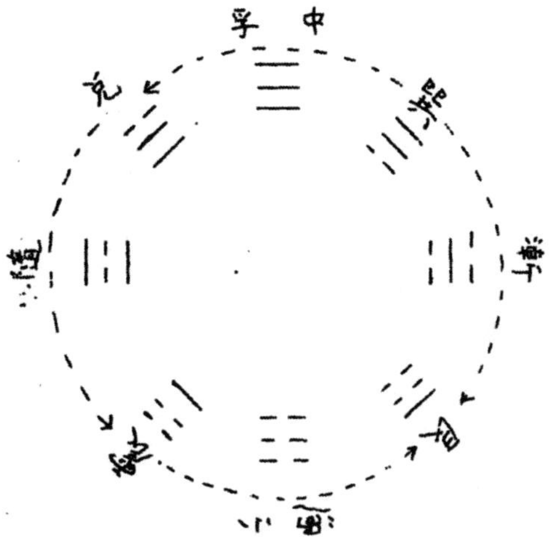

中孚小過四隅之卦位。人以為與27頤28大過。同為四隅之游魂。然組織有別。乾宮兩旁兌巽。順讀之為大過。(震游魂)逆讀之為中孚。(艮游魂)坤宮兩旁之震艮。順讀之為頤。(巽游魂)逆讀之為小過。(兌游魂)其組織如是。惟歷來解小過大過。其說不一。以為小過震外艮內。震艮皆陽卦。陽為大。何以反以小命卦。大過外兌內巽。兌巽皆陰卦。陰為小。何以反以大名卦。因以游魂立說。繫辭游魂為變。變則動多過差。雜卦。小過過也。又大過顛也。大過為震宮游魂。震為陽。故曰大。小過為兌宮游魂。兌為陰。故曰小。中孚小過四隅橫交之卦。將兩卦橫讀之為䷩益(☴巽)䷞咸(☱兌)與頤大過兩卦橫讀之。為䷨損(☶艮)䷟恒(☳震)為四隅之三世卦。配合中孚小過頤大過四卦。其卦之陰陽皆不和。故益

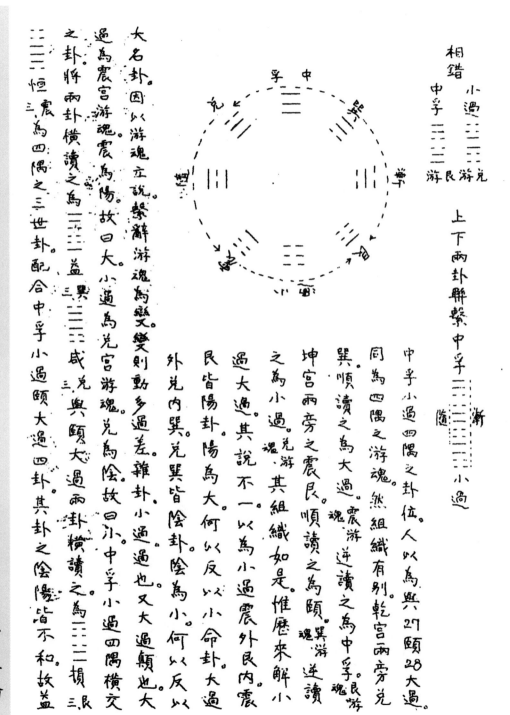

咸不序。損恒亦不序。唯其不序。故謂之游。至四隅之歸魂。隨蠱漸歸妹四卦。隨蠱兩卦。橫讀之為䷞咸（三、兌）䷟恒（三、震）。漸歸妹兩卦橫讀之。為䷩益（三、巽）䷨損（三、艮）。咸恒益損皆四隅之三世卦。以配合歸魂四卦。其卦之陰陽皆和。故皆序。唯其和序。故謂之歸。是以咸恒兩卦橫讀之。為䷐隨（歸、震）䷑蠱（歸、巽）。損益兩卦橫讀之為䷴漸（歸、艮）䷵歸妹（歸、兌）。亦序也。此一定之序。明此四隅之象。易的條例始明。

受之以中孚小過渙節者。因係游魂與諸卦不同。渙初爻變為中孚。節上爻變為中孚。中孚之錯為小過。此以錯證受之以之例。乃言卦辭。

中孚。豚魚吉。利涉大川。利貞。

小過。亨利貞。可小事。不可大事。飛鳥遺之音。不宜上宜下。大吉。

豚魚吉。吳澄云。豚魚、象也。豚魚澤中之物。似猪。俗謂之江豚。澤將風則浮出水面。有南風則口向南。北風則口向北。舟人謂之風信。唐人詩曰。江豚吹浪夜還風。風澤之卦。故取以為象。自漢以來釋豚魚者。咸以豚魚為兩物。與象實不合。說卦傳坎為豕。中孚卦畫中无坎。則无豕。豚即豕。可證。且大川非豚能涉。虞氏逸象巽為魚。惠棟易漢學三舉虞逸象。巽為魚。原注云。郭璞曰。魚者。震之廢氣也。朱子發曰。巽王則震廢。故仲翔以巽為魚。此原文見朱震漢上易叢說。虞所謂逸象。實據此中孚而言。因中孚外卦巽。遂以巽為魚。實與象不合。說卦傳舉象。在離為鱉。為蟹。為蠃。為蚌。為龜。皆言水族。魚亦當為離象。因中孚大象似離故也。豚魚在澤中亦水族。李林松周易述補三。效惠棟頤之初九。舍爾靈龜之例。惠云故損之六五、益之六二、皆云龜。或然也。然漢學家无有及此者。謂之巽義。李氏據之。謂之齊巽義。抄吴氏之說伸其義耳。李氏又引京房易傳。豘豘即豚。說文未出。廣韻二十三魂。豚豕子。豘㹠並同上將風則踴。鼉欲雨則鳴。以證漢人早有此說。京房此傳是否對中孚立說。則不可考。李氏又云。惠氏此書。此書即指周易述。不引漢以後一字。然頤初釋龜。已附或說。用此例也。說見李氏周易述補三。李氏之說。可見清代治漢學墨守殊深。祇知虞翻。不知進一步求魏晉以後之學說。以為漢人以後。无一字可取者。其說拘泥難通。利涉大川。利指內卦兌。大川指中爻互漸。漸又互未濟。因漸與未濟皆有坎。利貞即申明利涉大川。中孚爻辭中不易解者有三。初九有它不燕。他古文作它。蛇也。从虫而長。上古草居。患它。相問无它乎。六三或歌或罷。罷楊慎曰音婆。吁歌也。說見楊氏著丹鉛雜錄、胡煦周易函書約注云。升菴音磐、與歌叶。以易林罷音他為證。借明人引用古籍、每不述其出處、致无从考正。在爾雅釋器。旄謂之藣、郭注。旄牛尾也。似釋器所引者、皆佾舞之器。邢昺釋曰、一名藣、舞者所執也。如此罷作藣義方與鼓泣歌合。胡氏以磐與歌叶。殊非。磐正字為磻、歌不同紐也。屯之初九磐桓、罷氏作般、呂氏春秋古樂篇。昔葛天氏之樂、三人操牛尾、投足以歌八闋，義同。上九翰音登于天。曲禮。雞曰翰音。據曲禮是言祭品。則登當爲登。說文。登禮器也。以上三者。爲中孚爻辭中難解者。故附及之。

小過之卦辭。亨利貞。此三字。皆虛下。虞翻之晉上之三。當從四陰二陽臨觀之例。此虞氏泥於撓三爻之說。致扞格難通。不知卦辭之亨。在兩卦連續之隨。隨中爻互漸。漸中爻三至五爲離。故曰亨。利小過三至五爲兌。兌爲利。貞中孚小過聯繫爲隨。隨中爻互漸。漸二至四爲坎。坎爲貞。此三字其理具在。而虞氏昧於物生而後有象。象而後有滋。滋即孳。說文孳。汲汲生也。汲汲生。即生生不已之義。滋孳皆茲之滋乳。茲說文草木多益也。滋而後有數。物生而後有象三句。左傳僖十五年文。強以撓三爻以自圓其說。故不能貫通。小過飛鳥之說。本說卦離爲雉。雉爲飛鳥。不必遠求之晉。此飛鳥在兩卦聯繫之中爻互漸互未濟。因漸與未濟皆有離。而虞氏逸象。離爲飛鳥。爲鶴爲鳥。舉爻辭所出之字羅列之。繁而寡要。而說卦傳離爲雉。以雉包括之言簡而要。虞氏又以繫辭十三卦。斷木爲杵。掘地爲臼。臼杵之利。萬民以濟。蓋取諸小過來解此。作繫辭之時。較作卦辭爲後。亦擬議之辭。故文中用蓋字。以懸而未斷出之。管子不慕古。正世篇文 荀子法後王。正名篇文 因後人學說。所見所聞。定能高出於前人之上。若清代治易者。崇漢人之說。奉爲圭焦。固執寡守。參以己見。而漢儒訓詁之說。反隨之而亡。虞翻尚體。王弼尚玄。鍾會非之。惜鍾氏之說已亡。未能細參。可小事一句。解者至多。不知小過乃兌之游魂卦。故曰小。若以內卦艮為小。外卦震為大。又以小過為小人之過。皆失諸遠。乃言爻變。

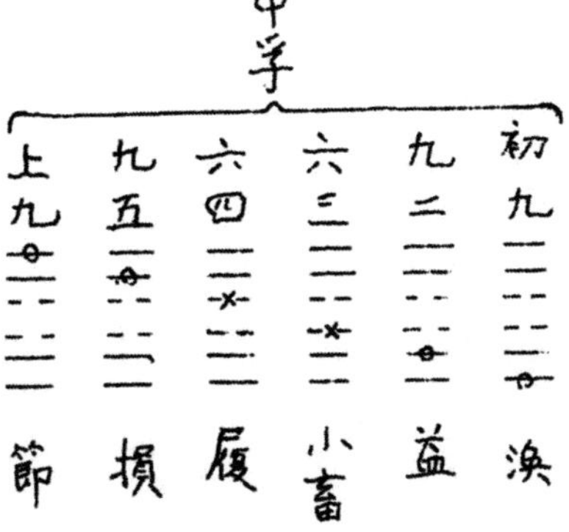

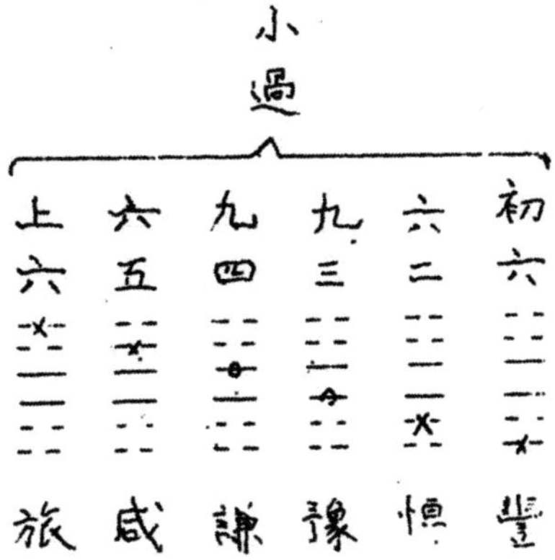

上下兩卦爻變此中孚六爻自為序小過六爻自為序

中孚六爻爻變
渙節序
益損序
小畜履序

小過六爻爻變
豐履序
恒咸序
豫謙序

中孚小過兩卦在橫圖序的對比
渙豐序
益恒序
小畜豫序
履謙序
損咸序
節旅序

此當與27頤28大過二卦互參之。其世位皆相同。

63 既濟 ䷾ ☵坎 ☲離

64 未濟 ䷿

相錯 未濟 ䷿ 既濟 ䷾

兩卦連續離 ䷝ 離中爻互大過 ䷛ 大過又中爻互乾 ䷀

上下兩卦連續既濟

治易者當先解卦名。六十四卦中。惟既濟未濟迄无定解。雜卦傳曰。既濟定也。鄭玄曰。濟、度也。荀爽虞翻皆曰濟成也。三說當以度為諦。度即渡字。爾雅釋言。濟渡也。是明證。虞翻濟釋成。成亦據爾雅釋言。濟、成也。雜卦傳釋定。淮南子天文訓。秋分蔈定。注。定成也。定成古互訓。周禮司徒小司徒。使各登其鄉之眾寡六畜車輦。注登成也。成猶定也。亦一旁證。惟既濟未濟兩卦皆有坎。以象立說。當以渡為是。江藩周易述補。亦主鄭玄說釋度。並引酈道元水經注曰。〔係河水注。酈氏引郭緣生述征記語。又引風俗通二正失篇語。江氏參以己意。當讀原文。〕狐性多疑。故多狐疑之語。風俗通。里〔原文俚、〕語狐欲渡河。無如尾何。蓋狐性多疑。未渡之時。先以尾度（此度字江氏以別解出之未是）深淺。一說，狐首輕尾重。負尾而濟也。未濟時一步下其尾。此孟喜語也。見朱震漢上易。（余著周易孟氏學，以其不類孟氏說，屛不錄。）江氏宗惠氏。喜點竄塗改原文。非是。

雜卦傳曰未濟。男之窮也。因未濟為離宮三世卦。失乾而言之。然既濟未濟連續乾坤。當據陸績三極之道注為準。今之周易。只有六爻一爻之遞變。二爻以上之之變。缺而不講。陸績提出三極之道。乃是周易之要義。漢時四家博士之傳易。黨同伐異。致易之正義盡亡。推對於卜人所作卦辭爻辭。訓詁字義。尚有可取。至宋人并訓詁而亡之。序卦傳曰。有過物者必濟。故受之以既濟。物不可窮焉。故受之以未濟終焉。昧於受之以之例。歐陽修譏之誠然。然歐陽氏亦不明受之以之例。故其說亦不當。要知受之以之例。須以上下兩卦立說。若以六十四卦。以一卦為受之以。其說不能成立。至物不可窮。猶言物不可極。即萬物之發展。永无止境。如果以既濟未濟復歸為乾坤。根據受之以的條例。這說法是錯誤的。這是把易看成靜止的不變的了。其實易理是生生窮變。不斷變化發展的。漢儒說天不變。道亦不變。把既濟未濟復歸乾坤。作為論據。這是把變化不窮的易理。含有朴素唯物的思想。被后儒把它說成不變的。原始要終的唯心論。與易理相悖。且序卦言物不可窮。是言物不可極而以終而復始是對立統一以后。又有新的矛盾。深合窮則通之理。這就是易的聯繫連續和受之以之變的規律。

中孚小過受之以既濟未濟者。為䷼中孚䷽小過之交叉式。即䷴漸䷵歸妹。漸初上兩爻變為既濟。歸妹初上兩爻變為未濟。此亦變例。乃言卦辭。

既濟。亨小利貞。初吉終亂。

未濟。亨。小狐汔濟。濡其尾。无攸利。

既濟亨。指內卦離而言。離為火。故曰亨。曰小。指離卦而言。坎屬陽卦是大。離屬陰卦是小。利兩卦連續為離。離中爻互兌。兌屬利。兌為少女居卦之末。其小可知。貞指既濟外卦坎而言。初吉終亂。因既濟二爻為離。離二爻變為乾。虞翻以乾知大始釋之是也。初指內卦言。內卦離。變乾。指既濟變乾。今二爻已變為乾。得變之正。而四爻上爻未變。以內卦為初。則外卦為終。內卦已變。不能得既濟之功用。故曰終亂。至未濟言亨。亨即指外卦離而言。小狐。九家易逸象。坎為狐。子夏傳曰。（子夏傳人以為偽書。然亦有可采者。余此文始引之。）坎為小狐。干寶說同子夏傳。至濡因未濟內卦有坎。互卦亦有坎。皆屬濡象。是確解。至尾虞翻逸象。以艮為小狐。為尾。虞氏以既濟初九變艮言之。與九家易相反。兩卦連續及上下兩卦連續。中爻互及錯皆无艮象。此虞氏之失言。至虞翻乾為首。諸家釋尾首兩者。皆不足從。易例以初爻為尾。上爻為首。尾宋衷姚信孔穎達已言之。首諸家皆失解。乃言爻變。

既濟

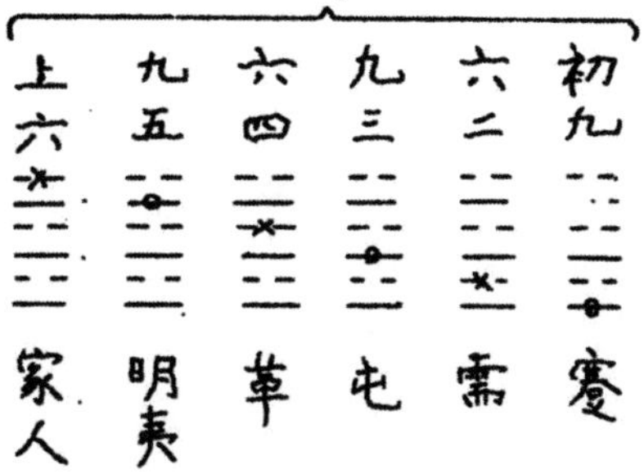

未濟

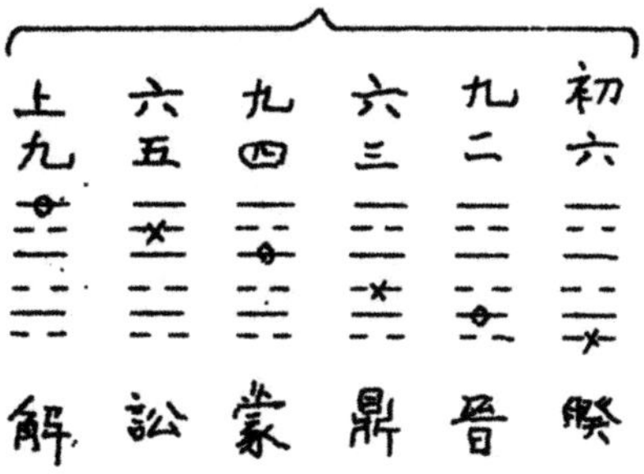

上下兩卦爻變序
蹇解序
需訟序
屯蒙序
革鼎序
明夷晉序
家人睽序

既濟未濟在橫圖序的對比
蹇睽序
需晉序
屯鼎序
革蒙序
明夷訟序
家人解序

既濟未濟與泰否。同為乾坤坎離四正卦三世之位。周易六十四卦。分三十二組的演法。是不能脫離由一陽一陰之位。以消息變而為一陰一陽之謂道。乃有一定之規律。所謂道者。即是消息。所謂消息。就是陰陽和。卦爻辭作者的宇宙觀。認為世界由陰陽兩種物素的對立、沖擊、發生變化。對立的統一就是和。和后再對立統一。這樣生生不已。說卦傳窮理盡性以至於命。理就是一陽一陰的排列。性就是一陽一陰變化。由消息變為陽化陰。陰化陽。曲成生生。造化无窮。始得謂之道。命就是一。一是陰陽不分。一之作用。老子所謂道生一。一生二。二生三。三生萬物。這和易理矛盾統一的說法一致的。至三十二組之立成。重在世位。以上下兩卦世位得六立說。上下兩卦以連續立說。故世位皆得六。今已將六十四卦。已一一探原。如謙豫為兌五世震一世。五與一合為六。咸恒為兌三世震三世。三與三合為六。蹇解為兌四世震二世。四與二合為六。萃升為兌二世震四世。二與四合為六。周易上下兩卦之合。皆為六也。至於易象既明。六十四卦的規律。已有序可按。然後進一步把卦爻辭的文字加以考訂。因卜官據象定辭。先求卦爻辭的規律。規律既定。然後探求卦爻辭的文字考訂。易理始明。竊謂卦爻辭是卜官據象而下的斷語。為什麼要這樣下斷語呢。因為卜官所據象數。在斷語(即繇辭)中是不說明的。(殷墟甲龜文字卜辭亦同。)有的斷語。在卜官既斷之後。相隔了一段時間。由事實而證明。再加重斷的。如卦爻辭句末有吉有凶。

及无咎諸詞。和前面的卦爻辭似乎有矛盾的。如明白卜官定辭的方法。就无懷疑了。

三易新論 中卷

第十二章 周易新論 三

八、論三索三極

周易六十四卦的卦辭和爻辭。是殷末周初的產物。它主要是闡明宇宙變化的哲學思想的。因此六十四卦的排列和變化。是有一定的組織和規律。這就是易經之變的組織和規律。每一卦的爻辭。有用九用六的變化。就指之變而言。陽變陰叫作用九。陰變陽叫作用六。老陽三十六。以四除之得九。老陰二十四。以四除之。得六。故爻遇少陽少陰。則不變。遇老陽老陰。則變。用九六兩字。作為符號代表陰陽之變。之變用九六作公式。如代數學代入正負的公式。說明易變的哲學思想。

要明之變的規律。首先要明八卦的形成。八卦是乾☰坤☷震☳巽☴坎☵離☲艮☶兌☱八種物質所組成的。這八種物質。以怎樣的規律組成的呢。易經作者認為八卦組成由于索。也就是三索的規律。什麼叫三索呢。就是三畫卦。和六爻完全是不涉的。說易者。據說苑權謀篇引孔子曰。祭之為言索也。索也者盡

出春秋繁露祭儀、祭者察也。認為索有盡義。這是漢儒的說法。不足為信。繫辭傳

探賾索隱。

正義謂索是求索的意義。這說確當。索有求意。求一定要動。有動才有變。也就是說不動即不能索。這說明宇宙不斷變化。主要原因在索。并且索是由八卦物質自身的索。是內在的變化。而不是外加的。這是易經之變規律中。限于三畫卦的之變規律。說卦傳以乾坤代表天地或父母。陸績注說。乾生三男。坤生三女。王肅注說。索、求也。以乾坤為父母而求其子也。得父氣者為男。得母氣者為女。見正義引。釋文也說。索、求也。索的意思。和老子萬物負陰而抱陽的道理相同的。三索的規律。說明宇宙的變化。由陰陽的對立、矛盾、統一。變化无窮。這是周初具有原始的樸素的唯物主義思想。陰⚋陽⚊的宇宙觀。較複雜。就用乾☰坤☷來代表。乾坤自身的索。也即是動。產生其他的六卦。而其他六卦不是靜止的。自身也不斷地索。不斷地動。八卦這樣變化不已。產生宇宙萬物。乾坤三爻的變。成為其他六卦。故稱三索。三索的形成和變化規律。比較簡明。其規律是。

乾之☰三索。乾陽卦。故求陰。一索為☴巽。再索為☲離。三索為☱兌。說

易者謂之乾統三女。因乾三索為巽離兌。皆為陰卦。即老子所謂負陰。坤之☷三索。坤陰卦。故求陽。一索為☳震。再索為☵坎。三索為☶艮。說易者謂之坤統三男。因坤三索為震坎艮。皆為陽卦。即老子所謂抱陽。

這就是乾的三爻陽負陰。巽為長女。離為中女。兌為少女。長中少的次第。以爻之先后為之。坤的三爻陰抱陽。震為長男。坎為中男。艮為少男。長中少的次第也以爻之先后為之。這樣坤對乾。巽對震。離對坎。兌對艮。此乃原始的宇宙觀。把宇宙變化歸納為八種物質所組成。三索的規律。不但乾坤兩卦。震巽坎離艮兌六卦。皆能索。這樣才能明確三索的規律。易之要全在動。動是自身的變化。又互相對立依賴。不斷變化。繫辭傳已明白指出言天下至動而不可亂也。這是言動有一定的規律。乾坤兩卦的索。上面已講過。其他六卦。易學者謂之六子。六子之索。即六子之動。也有一定的規律的。六子的索是。

震之☳三索。一索為坤。再索為兌。三索為離。一索為坤者。即坤之一索。再索為兌。三索為離。與乾之再索離。三索兌不同。因為爻的陰陽不同。而爻位也不同所致。因乾與震同為陽卦。震二索三索為陰。故數位之法不同。

巽之☴三索。一索為乾。再索為艮。三索為坎。其例如震之三索。下同。

坎之☵三索。一索為兌。再索為坤。三索為巽。

離之☲三索。一索為艮。再索為乾。三索為震。

艮之☶三索。一索為離。再索為巽。三索為坤。

兌之☱三索。一索為坎。再索為震。三索為乾。

六子之三索。也係陽卦負陰。陰卦抱陽。如震三索是陽負陰。巽三索是陰抱陽。這是三索的變化規律。根據四象生八卦演變而來的。至於三索的級數。一索為四。二索為二。三索為一。這是四二一的級數。除本卦數。但是陽的級數須順數之。陰的級數。須逆數之。例如乾三畫皆陽。須順數之。乾一索為巽。巽居乾后第四位。二索為離。離居乾后二位。三索為兌。兌居乾后一位。坤三畫皆陰。陰的級數。須逆數之。坤一索為震。震居坤前第四位。二索為坎。坎居坤前第二位。三索為艮。艮居坤前第一位。亦用陽消陰息。亦用位。其數法與六爻的消息不同。當分別之。因易之變化而各有各用。

至六子之三索。☳震☵坎☶艮三陽卦。而多陰爻。☴巽☲離☱兌三陰卦。而多陽爻。即繫辭傳所謂陽卦多陰。陰卦多陽者。是其例。惟逢陽爻視級數順數。遇陰爻視級數逆數。例如震。初爻為陽。故一索為坤。震順數四位坤。二爻為陰。故再索為兌。震逆數二位兌。三爻亦為陰。故三索為離。震逆數一位離。巽初爻為陰。故一索為乾。巽逆數四位乾。二爻為陽。故再索為艮。巽順數二位艮。三爻亦為陽。故三索為坎。巽順數一位坎。坎離艮兌四卦。依震巽二卦。陰陽爻位。級數也順逆數之即得。乾坤三索表明六子成因。六子三索。表明乾坤過程。兩者相互依賴。沖擊變化。三爻之變八卦的矛盾對立。這是公元前十二世紀以前的人們。對矛盾對立客觀事物的認識體現唯物觀點同時是符合邏輯法則的。三索組成在象數方面有成就的卜官根據索的規律。觀察宇宙變化。據象立說。說卦傳就是據此立說。但是說卦傳錯簡重文至多。惠棟周易述。以乾健也以下。皆易後師所益。惠說无據。惠氏於易。疏於象數。因為卜官所作。皆根據象數。離此而言。是講不明白的。惟說卦傳文多重出。如乾、為天。為父、坤為地。為母。震為長子。巽為長女。離為中女。兌為少女。脫坎艮兩子。其錯亂可證。總之。三索是言三畫卦的組成的規律。其理至顯。

三畫卦的組成。已經明確。那末六畫的組成。究竟怎樣的呢。說卦傳說。

昔者聖人之作易也。將以順性命之理。是以立天之道曰陰與陽。立地之道曰柔與剛。立人之道曰仁與義。兼三才而兩之。故易六畫而成卦。

這段話。雖是儒家的思想。但其中闡明陰陽兩種。用剛柔兩字。加以發揮。並指出兼三才而兩之。是想叙明六爻的之變的。這還是進一步發揮了唯物哲學思想。至於仁義二者並提。是儒家思想用仁義附會陰陽。這思想從孟軻始。禮記鄉飲酒義。喪服四制兩篇。亦仁義並提。其文字之闡發。亦襲說卦傳之說。而孟軻仁內義外之說。(見告子)有謂內外即內因外因。此說絕對難通。不必依附坤六二文言說。君子敬以直內。義以方外。敬義立而德不孤。同為儒家解易之說。繫辭傳說，

易之為書也。廣大悉備。有天道焉。有人道焉。有地道焉。兼三才而兩之。故六。六者非他。三才之道也。

鄭玄注。

三才。天地人之道。六畫畫六爻。

李鼎祚集解。引崔憬注。

言重卦六爻。亦兼天地人三才。兩爻為一才。六爻為三才。則是兼三才而兩之。故六。六者即三才之道也。

以上諸說。據繫辭傳而發揮。因不辨卦與爻的變。有分別的。兼三才而兩之。指卦言。不是指爻言。崔氏此注。似指卦。兩爻為一才。後人推波助瀾。謂初二兩爻為地爻。三四兩爻為人爻。五上兩爻為天爻。又有初四兩爻為地爻。二五兩爻為人爻。三上兩爻為天爻。皆不符之變的規律。所謂六者。由兩卦聯系而來。如乾坤兩卦聯系。乾為上世卦。坤亦為上世卦。由乾上世數至坤之上世為六。又由坤上世數至乾之上六。亦為六。此六字的本旨。又如屯蒙聯系屯為坎二世卦。蒙為離四世卦。由屯之二世數至蒙之四世為六。又由蒙之四世數至屯之二世亦為六。餘卦類推。卦辭爻辭。並不言三才發揮三才的意義。从謙卦彖辭始。作彖者由卜官的周易。一變而為儒家之周易。於是漢之董仲舒執道之大原於天。天不變道亦不變（見漢書董仲舒傳天人策中）等說。加以闡發。此由於讀易者。斷章取義。不顧下句道有變動故曰爻。混卦為爻所致。又誤以三才為三極。繫辭傳云

六爻之動。三極之道也。

馬融注曰。

　　三極。三統也。

此馬氏之曲解。三統與爻動无關。又鄭玄注。

　　三極。三才也。

鄭玄此注。誤在卦爻不分。韓康伯同。惟韓注。下又有兼三材之道。故能見吉凶成變化也。其說更膚。又陸績云。

　　天有陰陽二氣。地有剛柔二性。人有仁義二行。六爻之動。法乎此也。

陸氏此注。託說卦傳三才之道。是強不知以為知。以欺人爾。陸氏又注云。

　　此三才極至之道也。初四下極。二五中極。三上上極也。

陸氏此說言三極中。是漢魏人易說中最可采者。以三上為天。初四為地。二五為人。惟引而不發。林至周易裨傳外編引虞翻說云。

　　陰陽失位則變。得位則否。故以陰居陽位。陽居陰位則動。

繫辭云。以動者尚變。凡爻動者稱變。不必以失位得位來解釋。虞氏此注。僅言六爻之動。不及三極之道。王肅云。

陰陽剛柔仁義為三極。

王肅此說亦襲說卦傳語。至宋人愈說愈亂。並混極為太極。更非。三極是六爻之變的規律。要明其規律。當先明極字之確解。不可與太極相混。極為亟之孳乳。說文。

亟。敏疾也。从人从口又从二。（小徐本從人口又二。）二天地也。

徐鍇繫傳云。

承天之時。因地之利。口謀之。手執之。時乎。（大徐本引无時乎二字。）時不可失。疾也。會意。

徐鍇又於通論中重申亟意。曰。

……人者。天地之化也。力與天地並。故於文。一偶二為三。天地之初。人實敘之。……人與天地同功。故亟成。故於文一一。（祖縣按。一一當為二之譌。汪祁本同。）人口又為亟。又手也。

極字之義。由亟而來。若以三極為三才。實昧於字義。更不當以太極之極。來附會三極。俞琰周易集說。以三極之道。言道之體。三才之道。言道之用。欲解決三極與三才的分別。仍然扞格不通。極字當從管子弟子職。溫恭自虛。所受是極。注。極其本原解。所謂極。即盡六爻之動的本原。禮記大學。君子無所不用其極。注。極盡也。極其本原。猶言盡其本原。窮其本原。六畫之卦。以六爻之動。提出三極。以盡天道地道人道之究竟罷了。三極是之變的規律。雖三極的名詞。從繫辭傳開始。猶是周初卜官的占筮的規律。至於三才。完全是儒家所增的名詞。層層增入。如乾之文言。乾為天德。坤之文言。坤為地道。豫之象。出天道地道人道。益以鬼神。後來京房創天易地易人易鬼易之說。（見京房易傳下卷引孔子說）與三才同屬不經之談。許慎說文解字。易偁孟氏。三云。天地人之道。從三數。不言三才。今易經爻之動。皆一爻動。二爻以上之動。易經所未及。左傳筮辭引周易十九則。一爻動者十六則。其餘三則。如昭三十三年傳。晉史墨對趙簡子問季氏出君。以大壯䷡卦名對。襄九年傳穆姜薨於東宮。始往而筮之。遇艮之八。史曰。是謂艮䷳之隨。諸爻皆變。惟二爻不變。昭二十九年龍見絳郊。蔡墨以乾卦六爻之變。結合坤之上六龍戰於野。其實不過因有龍字。順敘之爾。乾卦言六爻之變。其他十六卦。皆據一爻變立說。因二爻變以上。卜官所作爻辭所未及。二爻之變。後人據洪範內卦為貞。外卦為悔立說。其實洪範係九疇。又叫九宮。與八卦異。八卦為六十四。洪範八十一。由卦而生。並非兩歧。曆數度量衡。皆由九疇而生。漢書曆志。已詳言之。間有錯誤。下一番校勘之功。自然明瞭。周代制禮。亦本於此。禮記禮運云。

是故夫禮。必始于大一。

是明證。但是禮家從未知其根。在醫家亦有爭論。惜亦未能得其源。揚雄的太玄。即用九疇之理。益以卦氣為排列之根。至於三極。惠棟周易述曰。極、中也。殊非。據繫辭傳極的意義有三。一、為極其數之極。二、為夫易聖人之所以極深而研幾也之極。三、極天下之賾存乎卦之極。何以極上加三名曰三極呢。三是據六爻立說。一卦六爻。陰陽各不同。動則變。陰變陽而當位為極。陰變陽而不當位為不極。陽變陰亦同。所謂當與不當。不能離位而言。左傳昭十二年子服惠伯解坤之六五。謂事不善不得其極。是言不得六五之極。極字之義。得其旨。總之。三才之說。惟繫辭傳說卦傳及乾鑿度有之。儒家混三索三極為一。皮膚其說。故許慎不采。

卜官所作爻辭。據象斷辭。用的是說卦傳記錄的象。以解釋卦辭爻辭的文字。似係卦辭爻辭的凡例。但是說卦傳的文字。同在一篇。時代也有先后。是卜官的作品。然文有脫奪。附麗。如萬物出乎震一節。坤无方位。此是脫奪。又如聖人南面而聽天下。嚮明而治。蓋取諸此也。前後文氣不貫，此係儒家所附麗。與論語衛靈公篇。子曰。無為而治者。其舜也與。夫何為哉。恭己正南面而已矣。其說相同。且此三句。惟虞翻有注。吳書翻傳。注引翻別傳。亦有此三句。蔡邕明堂月令論。亦引之。初學記二十五卷。火、引應劭風俗通。

夫火者南方陽。光輝為明。聖嚮之而治。取其象也。

應氏未言引易。荀悅申鑒時事篇云。

天子南面而聽天下。嚮明而治。蓋取諸離。

荀氏亦未言引易。近出漢熹平石經。猶存此文。盧植識石經舛譌。疑亦此一事。又下言象。是易傳中較古的作品。但也有竄入的文字。如兩出震為龍。而卦辭爻辭皆未見。虞翻以兩出。妄改下者震為龍之龍為駹。而駹亦未見。是三國時竄入的。爻辭中的象。如乾為天。坤為地。今以天地二字概其餘。三極是之變的規律。爻辭的變動。均據三極的規律來斷的。三極分天極地極人極。雖位與中的不同。分別置於不同的爻位中。卜官所下爻辭中的天字。並不拘於乾卦。而指上爻而言。地字並不拘於坤卦。而指初爻而言。和近取諸身。遠取諸物而言。如初爻上爻是位。不是象所謂位者。乾之象所謂六位時成。亦即說卦傳所謂分陰分陽。迭用柔剛。故易六位而成章之位。辭雖言位。亦不能離象立說。首先攷查爻辭上爻所提出的天字。這是三極的規律的天極。

一、上爻直言天者。如

、大有上九䷍自天祐之。

大畜上九䷙何天之衢。

明夷上六䷣不明晦。初登于天。後入于地。

中孚上九䷼翰音登于天。

此四則爻辭以上爻為天位。說到天字。初民時代。他們願望。在天時氣候和調。大有上九變大壯王肅以大壯為盛。言年豐物盈。牧民農民。以為得天保祐大家相慶祝之意。卜官表而出之。就大有變大壯。以描寫豐年的情景罷了。而儒墨二家所言的天字。概念與卦爻辭不同。

繫辭大有上九自天祐之。引孔門的學說。祐者。助也。天之所助者順也。人之所助者信也。履信思乎順。又以尚賢也。是以自天佑之。吉无不利也。孔門此爻解釋。對於彖。對於位。皆不相合。而又以尚賢也。更文不對題。以形而上學釋了。

大畜上九。何天之衢。鄭玄注。艮為手。手上。肩也。首肩之間。荷物處。乾為天。艮為徑路。天衢象也。後漢書崔駰傳注。鄭以何為荷。易例上為天。言天衢本不能步。變坤為泰。泰通也。道已大行。雖天衢亦何畏哉。何、如字。

明夷上六。不明、晦、初登于天。後入于地。不明之明。即明夷之明。明夷者。明而有傷。為日食无疑。不明即食甚。晦也。變艮。艮止也。止而不明。故晦。古之言災異者。以君失其道。乃日有食之。以災異之說。混淆易理。登天入地。設辭而已。初登于天。指日未食。後入于地。指日食甚。此爻昔人皆以紂為无道。當之。

中孚上九。翰音登于天。禮記曲禮。言祭品。雞曰翰音。登當為豋。豋、說文。禮器也。豋、月即肉。俗祭豋不分。毛居正六經正誤。已辯正之。惠士奇易說。據說文鳥部。翰、雉肥。翰音者也。魯郊以丹雞。祝曰、以斯翰音赤羽。去魯侯之咎。說同。風俗通又謂古用以郊天。故曰登于天。以上位在上爻。卜官據三極之變的規律。下了以上的斷語。作為爻辭。

二、上爻近取諸身者。如

乾上九 ䷀ 亢龍有悔。

屯上六䷂泣血漣如。

比上六䷇比之无首。

噬嗑上九䷔何校滅耳。

大過上六䷛過涉滅頂。

離上九䷝折首。

咸上六䷞咸其輔、頰、舌。

萃上六䷬齎咨涕洟。

震上六䷲視矍矍。

既濟上六䷾濡其首。

未濟上九䷿濡其首。

右十一則。以乾為首之象。內舉首者六。易卦辭爻辭无頭字。似頭字較首為晚。聯繫於位。較言天者。容易了解。卜官作爻辭。皆憑公式。守其位。守位見繫辭。如亢。人頭也。龍係設辭。泣无聲出涕曰泣。涕由目中流出。目屬首。視屬目同。耳亦屬首。頂、顛也。亦屬首。輔頰舌亦為首之部分。

三、上爻遠取諸物者。如
小畜上九䷈既雨既處。月幾望。
豫上六䷏冥豫在上。
遯上九䷠羝羊觸藩。
晉上九䷢晉其角。
姤上九䷫姤其角。
升上六䷭冥升。

上六則。畧舉上為天位。小畜之雨與月。言在天成象。又以坎為雨為月。至睽上九往遇雨則吉。雨為泰之假。冥言天之高。冥豫。馬融注曰。冥。昧也。冥升。釋文曰冥。揚雄太玄。玄文。以罔（北方也、冬也、）直（東方也、春也、）冡（南方也、夏也、）酋（西方也、秋也、）冥（祖縣倢揚雄不言方位與四季冥即中）五者。以配四方四季。又云。冥者。明之藏也。似指天。莊子逍遙游。南冥北冥。蕭綱注云。窅冥無極。故謂之冥。古人畏天。而統治階級藉天以愚民。冥謂莫。蒼謂蚕。（禮記、曲禮、視日蚤莫、蚤即朝、莫即暮、古通、）但是民不可欺。視天夢夢。（詩小雅正月篇文）蒼天蒼天。（詩小雅巷伯篇文）發於聲。以愬无告。先秦典籍言天者如書呂刑天齊于民。（偽孔傳天整齊於下民費解）說苑建本。齊桓公問管仲曰。王者何貴。曰貴天。桓公仰而視天。管仲曰。所謂天者。非謂蒼蒼莽莽之天也。君人者。以百姓為天。（今管子无此文、疑後人刪去、）此兩說較勝。人為首。物為角。角在首上。羝羊觸藩。謂由角而觸也。

地之位在初爻。而爻辭不言地字。繫辭傳云在地成形。又曰俯以察於地理。又曰。俯則觀法於地。卜官根據形與理及法措辭。與蒼蒼莽莽之天不同。故不出地字。

三極的地極規律是、

一、初爻近取諸身者。如

坤初六 ䷁ 履霜。

履初九 ䷉ 素履。

噬嗑初九 ䷔ 履校滅趾。

賁初九 ䷕ 賁其趾。

離初九 ䷝ 履錯然。

咸初六 ䷞ 咸其拇。

大壯初九 ䷡ 壯于趾。

夬初九 ䷪ 壯于前趾。

艮初六䷳艮其趾。

歸妹初九䷵跛能履，

上十則，初爻屬地位。以人之足狀之。曰趾，曰拇，言足之體。曰履。曰跛。言足之用。

二、初爻遠取諸物者。如

乾初九䷀或躍于淵。

需初九䷄需于郊。

謙初六䷎用涉大川。

泰初九䷊拔茅茹。

否初六䷋拔茅茹。

同人初九䷌同人于門。

隨初九䷐出門交有功。

剝初六䷖剝牀以足。牀與坑同聲

大過初六䷛藉用白茅。

坎初六䷜入于坎窞。

遯初九䷠遯尾厲。

家人初九䷤閑有家。

鼎初六䷱鼎顛趾。

節初九䷻不出門庭。

既濟初九䷾濡其尾。

未濟初六䷿濡其尾。

上十六則。曰淵、曰郊、曰大川、曰坎窞、皆指地形。曰門、曰牀足、曰家、曰門庭、皆指地上建築物。可以安身。第為地上產物。鼎為人類養生之具。三足一足顛則傾、尾王弼注。尾之為物。最在身後者也。與首正相反。此初上兩爻的大畧。至二爻至五爻謂之中。中則爻辭述人事為多。

以上言天極地極。至二三四五的爻。謂之中爻。繫辭已提出。謂

若夫雜物撰德。辯是與非。則非其中爻不備。

是二三四五的爻。注重人道。即三極之一。凡能動者是六爻之卦。不是三爻之卦。故乾之彖曰。六位時成。六位即為六爻之位。又曰。時乘六龍。龍者指變而言。變由動

而言。說卦傳指出故易六畫而成卦。又六畫而成章。為六畫之明證。凡六畫之卦。初畫三畫五畫得陽爻為當位 二畫四畫上畫得陰爻為當位。又云位正當。相反為不當位。卜官所作卦辭爻辭並未提及當位與不當位。有之自彖與象始。彖言位不當者一。歸妹。象言十六。履六三。否六三。豫六三。臨六三。噬嗑六三。大壯六五。晉九四。睽六三。夬九四。萃九四。震六三。豐九四。兌六三。中孚六三。小過九四。未濟六三。皆爻之陰陽不當。言位正當四。履九五。否九五。兌九五。中孚九五。皆爻正當。雖彖與小象中。闡明位的意義。其實卜官占筮。視爻變動。下斷的時候。是根據爻位的當與不當作為下斷辭的方法之一。

三極是六爻之變的規律。主要是六十四卦上下兩卦之變。如乾初九變姤。假定為地。上九變夬。假定為天。周易夬姤序。九二變同人。九五變大有。假定為人。周易同人大有序。九三變履。假定亦為天。九四為小畜。假定亦為地。履與小畜兩卦。卜官所作爻辭。係結合人道為多。或言內外卦聯繫之理。坤同乾推。屯蒙兩卦之爻變。兩卦相序。惟六十四卦爻變。或一卦自序。或兩卦聯繫相序。皆循周易相序。總之。三索是三爻的之變規律。三極是六爻之變的規律。易經的爻辭。據此立說的。至於三才。是儒家思想混淆易理。這些應該辨別清楚。這樣易變的道理。才能得到確解。至於位與中的意義。在卜官斷辭時。非用位與中不可。但未明言。至戰國孔門儒家。進一步發揮了位與中的意義。六十四卦。爻爻當位。祇有既濟䷾卦。初九九三九五皆為陽。六二六四上六皆為陰。爻爻皆當位。未濟䷿爻爻皆不當位。初六六三六五皆陽位而居陰爻。九二九四上九皆陰位而居陽爻。位皆不當。此既濟與未濟之大別。其卦在坎離兩宮。坎離者為坤乾兩宮中爻之變。周易之所謂中。即既濟與未濟中爻（即二五兩爻）之變。乾坤是孤陰獨陽。乾得離。坤得坎。為剛柔交而得生生之旨。即為乾坤得火水之功用。繫辭謂之天生靡，生。又所謂天地之大德曰生。然總不能出乎其位。男為陽。女為陰。亦是位。中之一字。彖與小象屢言之。然不在初爻上爻。而在二爻五爻。三四兩爻。亦間及之。其實與中爻有關。王弼畧例。得其偏未能得其全。明彖云。

是故雜物撰德。辯是與非。則非其中爻。莫之備矣。

而明象云。

互體不足。遂及卦變。變又不足。推致五行。一失其原。巧愈彌甚。縱復或值。而義无所取。蓋存象忘意之由也。

王弼此說。正合漢人易注之弊。互體即中爻。存象忘意。與上文得意在忘象。得象在忘言。自相矛盾，辯位云，

按象。无初上得位失位之文。又繫辭但論三五二四同功異位。亦不及初上。何乎。

王弼不知初上无位。是指中爻。不是說六十四卦的初上兩爻。故辯位一篇。謂之又謬。中爻主要在於乾坤既濟未濟四卦。擴而大之。仍生生无窮。周易各卦。以二五兩爻為中。乾坤兩卦的文言。發揮中字。這是儒家的言論。離易已遠。例如九三重剛而不中。上不在天。下不在田。九四重剛而不中。上不在天。下不在田。中不在人。語相矛盾。凡卦三四兩爻。皆以人事立說。而二五尤切。不如以中作中爻解。可以貫通易理。如屯之九三。惟入于林中。中在九三。與重剛而不中之說有矛盾。又復之六四。中行獨復。小象說。中行獨復。以从道也。豐之九三。日中見沫。九四。日中見斗。小象說。日中見斗。幽不明也。泰之六四。小象說。中心願也。前后有矛盾。可見易傳解釋卦爻辭。說有矛盾。後人謂十翼係孔子一人所作。看十

翼所說。矛盾處很多。可證非一人一家所作。但其中有孔門的說法。這是无可否認的。繫辭傳說。

八卦成列。象在其中矣。因而重之。爻在其中矣。剛柔相推。變在其中矣。繫辭焉而命之。動在其中矣。

八卦成列。言三畫之卦。說卦傳所言象。皆指三畫卦而言。因而重之。指六爻之變。即指三極的組成而言。爻有等。故曰物。剛柔相推。即指變而言。變在何爻。即知何位變。此云繫辭。指爻辭所繫之辭。故曰動在其中矣。因動者尚變。爻變和動三者。與位是分不開的。至中則說无定例。其實九五與六二為中。總之。三極是六畫卦之變的規律。三極規律。卜官運用位和中的方法。以斷變化的象。但是卜官所運用的三極規律。其中采取位和中的方法。這和儒家發揮的位和中的思想。有顯著的差別。(如文言傳的釋位和中。)因此重言以辨明之。

第十三章　周易新論四

漢宋以來。治易者聚說紛紜。互相攻伐。莫衷一是。尚有四事。一為古易。二為訓詁。三為句讀。四為聲韻。此四者。是治易的基礎。如不董理清楚。必磐桓（見屯卦初九）難進了。荀子勸學篇有言。學也者固學一之也。一出焉一入焉涂巷之人焉。其善者少。不善者多。桀紂盜跖也。全之盡之。然後學者也。乃知學在全盡。不全盡。无以明之。墨子非攻上篇有言。今有人于此。少見黑曰黑。多見黑曰白。則必以此人為黑白之辯矣。少嘗苦曰苦。多嘗苦曰甘。則必以此人為甘苦之辯矣。墨子此言。雖與易理无關。然自漢至今。就易論易。載籍如毛。黑白甘苦。辨而明之。治易者之首要事焉。

九、古易考

何謂古易。古易不過經傳分篇罷了。對學術上原无關宏旨。自漢費氏學興。以彖象繫辭十篇文言。解說上下經。鄭玄合傳於經。王弼從之。實便於初學。例如讀乾卦之卦辭爻辭。經傳未合以前。以彖以大象以小象以文言。讀時當分四次手續。而鄭氏合而為一。流覽一遍，就可了然，无遺漏之弊。故魏晉至北宋皆因之。便於研究。但是至宋復古的風氣復熾。元祐時，呂大防始創復古易之說。晁說之、薛季宣、程迥、吳仁傑、呂祖謙繼之。晁說之有古周易。呂祖謙有古易十二卷。音訓二卷。原書已佚。音訓載董真卿周易會通。清代喇蘭性德通志堂經解中。胡鳳丹金華文萃金華叢書所載呂祖謙古周易。實劉襲周易會通中語。殊无異義。清人治周易。如惠棟僅以古易為鳴高。以為治易當如此。以為漢人師法，何楷古周易訂詁。呂祖謙書晁氏古易後云。

近世嵩山晁氏，編古周易。將以復於其舊。而其刊補離合之際。覽者或以為未安。祖謙謹因晁氏書參考傳記。復定為十二篇。篇目卷帙一以古為斷。其說具於音訓云。今音訓无此文，想已佚。

呂氏此說。朱熹承之。熹子鑑亦師之。朱熹書嵩山古易跋後云。

按晁氏此說，與呂氏音訓，大同小異。蓋互有得失也。先儒雖言費氏以彖象文言，參解易爻。祖緜按此說失鑑，彖解卦辭，非參解爻辭。然使不言其分傳以附經也。至謂鄭康成始合彖象於經。則魏志之言甚明。祖緜按見三國志曹髦本紀。至詩疏亦云。漢初為傳訓者。皆與經別行。（祖解按見正義謂馬融輩始合傳於經云）三傳之文。不與經連。故石經書公羊傳。皆無經文。而藝文志所載毛詩故訓傳。亦與經別。及馬融為周禮註。乃欲省學者兩讀。故具載本文。而就經為註。馬鄭相去不遠。蓋倣其意而為之爾。故呂氏於此義為得之。而晁氏不能無失。至晁氏謂初亂古制時。猶若今乾卦彖象并繫卦末。而卒大亂於王弼。則（說原於孔疏。）而呂氏不取也。

朱氏此說。崇呂而抑晁。其實无分高下。古時本經傳分列。如詩經與毛詩傳。亦經傳各自為篇。詩正義謂馬融合傳於經。是明證。　先子自得齋雜著有羣經與傳並列考云。合傳於經。省學者兩讀。不至睽隔。詩書易春秋。先儒已提要言之。儀禮鄭玄目錄。有云大小戴及別錄此皆第幾。雖經傳不並列。學者皆可循序而修業焉。而喪服一篇。列入子夏傳。大戴禮夏小正亦有傳。至周官有經有傳。古今治經者。咸未能致意。漢書藝文志周官經六篇。周官傳四篇。有二疑問。一疑四係六之譌。四、說文古文四作𦉭。六篆文作穴。譌入為四。二疑四下有脫文。為四十餘篇。與今本篇數不相上下。蓋周官言某官之屬者為經。某官之職者為傳。亡其冬官。傳亦隨之而佚。其經其傳。界限分明。為後人所未道。樂則經亡。六學已缺其一。學術之衰。在秦漢之際。惟易未遭燔。後人臆解。失其本質。卜人所作卦辭爻辭。辭義深奧。後人作彖以解卦辭。又作大象明一卦之用。故文皆着一以字。以者何。所以體易而用之也。作小象以解爻辭。皆係韻文。三者文各有體。不能謀合。史言孔子晚而好易。讀之韋編三絕。而為之傳。蓋孔子集前人之易說。編成彖大象小象三者而已。即以彖言之。例如乾坤益三卦之彖辭。以概其他六十一卦。文亦異體。可知孔子集說。不關於一家言可證。孔子又加以己意。而成彖大象小象三種。彖則解釋卦名。合於訓詁。然亦有後人附益者。朱熹周易本義。對於彖以卦體卦德卦象三者。釋卦名卦辭。又有以卦變釋之者。如訟、如隨、如蠱、如賁、如大畜、如晉、如睽、如蹇、如解、如漸十卦。又有一爻變以釋彖。如明夷彖云。以六五一爻之義釋卦辭。此係朱熹所創獲而未舉定例。使學者反增疑義。朱熹晚年又服膺呂東萊之說。競言古易。對於易旨。是退而不知進。若以經傳分列。遂以為古易。實失古字之義。漢書藝文志。有古雜八十篇。在周易以前者謂之古。如歸藏連山之類。所謂雜。如易緯之類。若以經傳分列為古易。殊失其本。鄭康成合傳於經。以便讀覽。夫今之自號為鄭學者。分列經傳。乃是不守家法。更不足取。祖縣按、全書遭日寇之禍之後。此節因另錄猶存先子論古易是也。
朱熹書臨漳所刊易後云。

右古文周易經十二篇。亡友東萊呂祖謙伯恭父之所定。而音訓一篇。則其門人金華王莘叟之所筆受也。……莘叟蓋言書甫畢而伯恭父沒。是則固宜。而亦不敢補也。為之別見于篇後云。

朱熹此跋。說明音訓一篇。其實王莘叟乃取之鼂說之者。熹子鑑呂氏音訓跋云

先公（先公，指朱熹。）著述經傳。悉加音訓。而於易獨否者。以有東萊此書也。（下略）

朱鑑以音訓為呂祖謙所作。與音訓為王莘叟之所筆受。說異。然細繹鼂氏之說。即為呂氏所剿襲者。實不直識者一笑。清代宋咸熙致力呂氏古易音訓。其序未免夸張。二卷中僅有陸德明鼂說之兩家之說。而呂氏僅有上經案。都一百七十五言。內有詰鼂氏云。

近世鼂氏編古周易。乃合而為一。且謂後人妄有上下經之辨。何其考之不詳哉。

今晁氏原書雖佚。而見於周易會通者。可證晁氏以經上下分卷爲妄，是并以俗說十翼爲妄矣。惟從呂大防崇古易不獨守舊而已。是晁氏之所短。呂氏詰語，未免武斷。呂氏音訓。彖上傳案語。都四百有三言。象上傳案語。一百二十五言。釋繫辭七十有一言。繫辭上傳三百八十九言。下傳二百八十二言。言諸家分章不同。文言傳六十九。元者善之長一句。案語一百七十三言。說卦傳一百七十三。序卦雜卦无案語。類皆陳陳相因。殊无闡發之新理。清代治漢易者。更變本加厲。如清同治四年金陵書局開雕朱熹周易本義。寶應劉世讜從呂氏經傳分列梓行。分十二卷。每卷之末附以陸氏釋文。晁氏古周易名呂氏音訓。即爲宋咸熙所輯古易音訓。惟不題宋氏爾。宋氏輯本序。有謬處。宋序云。

易釋文。有明監注疏本及汲古閣、通志堂、雅雨堂、附李氏易解後抱經堂諸本。而多誤。惟此所載。與葉石君影宋鈔本合。

宋氏此說。似未見盧文弨所刊經典釋文。盧氏刊本在乾隆五十六年。嚴元照爲宋氏古易音訓所撰後序。在嘉慶四年。相距不過八年。同爲杭人。豈有不見盧氏刊本。宋氏自序。亦提出抱經堂本。奈全與盧氏序文相左。盧氏序謂影鈔者非善本。此其一。盧氏刊本有馮斑（馮斑即馮班）葉萬陸龍其跋。馮云：葉林宗購畫影寫一部。凡八百六十葉。……崇禎十年歲次丁丑寫畢。越十四年二月上黨馮班識其後。不云葉石君影寫。丁丑後十四年為辛卯。即魯監國元年。馮氏不言石君影寫。此其二。葉萬跋。此書從兄林宗借絳雲樓藏本。影鈔書工謝行甫也。余幼時嘗為之較勘至。乙巳（疑康熙四年）林宗死。所藏宋元刻本並抄謄未見之書。盡為不肖子孫散佚。糕擢糖檯。往往見之。惟此書幸存。因而留之。（下畧）尾署葉萬。下印章二。葉樹廉印。又石君。為此書林宗所影鈔之鐵證。林宗事蹟无考。石君吳縣東山人。流寓常熟。見蘇州府志、吳縣志、常昭志、及金友理太湖備攷補遺諸書。（葉樹廉太湖備攷作葉樹蓮，謂其收藏本印章皆作樹廉。）宋氏以林宗作石君。此其三。陸龍其跋云。辛酉（康熙二十年）季春。予在虞山。葉子石君以家藏抄本示我。始獲睹德明本來面目。陸氏行文。主篤實。不尚辭藻。其說可信。陸與石君為友。而云石君家藏抄本。與宋氏云葉石君影宋鈔本不合。此其四。以馮葉陸三家跋語證之。真是乾文言所謂上不在天。下不在地者近是。總之非極深研幾。時然後言。可免隕越之譏。而宋氏輕率下斷。而未能讀盧氏刊本。其錯誤如此。總之。鄭玄以彖象文言合經。實予讀者之便利。而呂大防以復古自任。至呂祖謙輩更大張其說。至清時漢宋兩派。咸主張古周易以鳴高。反使易學停滯不進。余認為古周易是復古派的逆流。對於易學研究。關係不大。學者知其演變就可以了。

十 訓詁舉要

（1）訓詁。卜官所作卦辭爻辭。是有根據的。並不是憑空杜造。他們根據什麼呢。是根據象數位中四者來下斷的。象、說卦傳猶有記載。這是原始的朴素對宇宙現象的觀察。數。即繫辭天一地二之法。是原始對數的概念。當然是粗淺的。但並不足那邵皇極經世的數。如果把皇極經世的數以為數。那是錯了。位。即是繫辭易有太極。帝所言。據爻的初上等來斷的。中、就是中爻。如果能據象數位中來解釋卦爻辭。字字行間更可一目了然。這象數位中。是卜官作卦爻辭的基本方法。以爻變而論。上下兩卦的次序。就是一種變化。發展為另一種變化的形式。是有規律可尋的。至數與位。實不能分離。易的公式重在位。位即64 32 16 8 4 2 1的數字。就是位不能脫離數的明證。數的應用。重在推理和計算。這就是受之以定例。爻變的公式。與數學相同。具有原始的數學推算規律。治漢易者。不解象數位中的規律。治宋易強以性理來談易。把周易的原理。拋卻九霄以外。故用力多而成功少。清人焦循、李銳、沈善登、晚近杭辛齋輩。能以數學解易。然重視經生。不屑為疇人。仍舊兩相隔離。有人云。象數位中四者。他的條理為什麽卦爻辭中隻字不提呢。象位中三者。象與小象中已揭出。至數繫辭亦揭出。鄭玄、荀爽、陸績三人對四者已有所論述。惜尤具體的論據。而虞翻則偏於位。因此訓詁不明耳。易之訓詁。前人訟說紛紜者。有附會新說者。如明夷六五箕子之明夷。乾鑿度云。

孔子曰。易本陰陽。以譬於物。擬序帝乙箕子高宗著德。……言帝乙箕子高宗。明有法也。

據此箕子是人名。漢人趙賓以為箕子。即明夷陰陽氣亡箕子。箕子者萬物方荄滋也。趙賓云受易孟喜。喜為名之。後賓死。莫能持其說。喜因不肯仞。此以不見信。可見在漢時四家博士的易說。阿悅人主為主。因此不守易的規律。孟喜又尚詐謡。趙賓投其所好。造作異說以炫世。清代惠棟。尚持賓說。不覺其非。此亦訓詁中不能不糾正的一事。

也有不明假借者。如明夷六二。明夷夷于左股。釋文、夷、京房作眱。乃是假借。眱、說文未出。即睇字。子夏傳作睇。睇、旁視也。鄭玄陸績同子夏傳。惟睇字亦无義。左股九家易鄭玄皆如字。姚信作右般。馬融王肅改股為般。禮記曲禮正義引鄭玄以爻辰立說。爻辰為鄭玄據繫辭仰則觀象於天。以十二支創新說。與史記天官書相合。在周易僅是一指。其實明夷六二之夷不必假借為睇為眹。股當如字。不必改般。左不當爲右。夷、傷也。左股、據說卦傳而斷。兌為毀折。毀折傷也。故曰夷于左股。此爻聞一多周易義證類纂。合六四言之。因一爻有一爻之義。若連釋之。似失其例。又聞明文選七命注。引作股外也。蓋對文內曰股。外曰髀。散文髀股通也。就易言易。似象言文王以之。箕子以之。有當時史事。惟不能確實證明。故用以之二字。後人謂此爻言紂為无道。文王猶率畔殷之諸侯朝紂的史事。據史記本紀故下文言用拯。不過爻辭中用假借字是不能免的。明夷初九明夷于飛句。明夷兩字實係假借。明夷當是鳴鶇。古鳴與聲名義同。謙卦六二鳴謙。王弼注。鳴者。聲名聞之謂也。春秋繁露深察名號。鳴而命施謂之名。又名之為言鳴與命也。釋名釋言語。名、明也。名實使分明也。皆可證古字通用。夷疑鶇之假借。說文、鶇胡汙澤也。从鳥夷聲。或从弟。爾疋鵜鴮鸅注。今之鵜鶘也。好羣飛。沈水食魚。故名洿澤。俗呼之為淘河。邢疏。詩者祖縣按者係曹之誤維鵜在梁。陸機機當為璣疏云。鵜、水鳥。形如鶚而極大。喙長尺餘。直而廣。口中正赤。頷下胡大如數斗囊。若小澤中有魚。便羣共抒水。滿其胡而棄之。令水竭盡。魚在陸地。乃共食之。以[illegible]淵河鴆，惡鳥。似喻紂。此爻從朱注釋，或從飛和翼。皆以離象鳥。莊子外物。魚[illegible]岸鵜，小岸鵜鶘。淮南子齊俗訓。鵜胡飲水數斗而不足。文言紂之惡。如鵜之涸澤而漁。中只剩八仞之隙，變為三艮。艮為山。山載于地。形似鳥之無翼。莊子逍遙游。其翼若垂天之雲。為垂字的義。君子于行。似指微子去殷。三日不食。痛宗社之將亡。據象以文王箕子以之。此後人擬辭此爻當係殷周之際的史事。然已不能考證了。要之治易必明假借之例，律以象數位中。才能貫通。

易卦爻辭言中與十翼儒家言中的概念。絕不相同。易之訓詁。莫古於彖。彖辭解釋六十四卦卦名。借於訓詁之外。又加上尊王為前提。與荀子儒效王制之說相同。以中事中說為要旨。上彖下彖。除訓詁外。全是儒效王制的化身。至大象則言王者之政。王者之人。王者之制。王者之論。王者之法。荀子推重子弓可證。子弓為馯臂子弓无疑。在六十四卦的卦辭已記載封建的史實。如屯之利建侯。豫利建侯行師。晉康侯用錫馬蕃庶。晝日三接。蹇利見大人。夬揚于王庭。萃亨。王假有廟。利見大人。升用見大人。勿恤。困大人吉无咎。巽利見大人。渙王假有廟。而彖辭又擴而充之。與荀子王制篇相類。至大象小象。筆法與彖辭不同。大象全言王制。小象則言易例。並以王制。彖與大象小象三者。措辭不同。決非出于一人之手可證。即以彖而論。乾坤益三卦。與六十一卦不相同。可見彖辭亦有多家。治訓詁。據易傳論證。應詳加辨析。始能迎刃而解。

漢時四家立於學官。施與梁丘。其說已佚。許慎說文解字。易偁孟氏。孟氏之說尚可在說文得其義。後世孟京並稱。乃京氏創異說。以依附孟氏爾。至京房喜字。既不足以為典要。且外於大義。東漢費氏易興。同時高氏易亦佚。馬融鄭玄習之。以訓詁為尚。惜有亡佚。（馬氏易、余有疏證三卷）鄭氏易有王應麟輯本。後經姚士粦、惠棟、丁杰、臧庸、張惠言等補訂校正。但是鄭氏初習京易。後習費易。師出多門。故說龐雜。在讀時明辨之可也。至四家之說。各立門戶。其於訓詁。未得其旨。考尒疋分篇之義。詁通古今異言。訓則狀形貌異言。不過文字之雷同。訓則有形訓聲訓之別。如乾為天。坤為地。此依形立訓。坎陷也。又坎為險。離麗也。此依聲立訓。又離為飄。則兼形聲而言。此訓易之例也。

古書多錯簡脫簡。周易未經秦火。比較完整。漢書藝文志云。

劉向以中古文易經校施孟梁丘經。或脫去無咎悔亡。唯費氏經與古文同。

顏師古注。

中者，天子之書也。言中以別於外耳。

中古文易經。猶言皇家所藏古文易經。周禮、宗伯、天府。凡官府鄉州及都鄙之治中。受而藏之。鄭司農注云。治中謂其治職簿書之要。又司寇、小司寇。歲終則令羣士（祖縣按士即刑官）計獄弊訟。（祖縣按大司寇、凡庶民之獄訟，以邦弊之、注故書弊為憋、鄭司農云憋當為弊、邦成、謂若今時決事比也、弊之、斷其獄訟也、故春秋傳曰、弊獄邢侯、鄭玄注弊訓斷見大宰。）登中于天府。江永周禮疑義舉要云。凡官府簿書謂之中。與顏注中者天子之書也。說皆膚。中當作天子藏典籍之處為允。後漢書伏湛傳。中書注、內中之書也。方諦。可證劉向校書時。易經訓讀差異不大。陸德明經典釋文云。

費直傳易授琅邪王璜。為費氏學。本以古字號古文易。無章句。徒以彖象繫辭文言解說上下經。漢成帝時。劉向典校書。考易說。以為諸易說皆祖田何楊叔元丁將軍。大義畧同。唯京氏為異。向以中古文易經校施孟梁丘三家之易經。或脫去無咎悔亡。唯費氏經與古文同。

无咎悔亡。脫與不脫。无關宏旨。費氏易學。以彖解卦辭。以小象解爻辭。文言祇解乾坤二卦。例如繫辭中鳴鶴在陰。其子和之。我有好爵。吾與爾靡之。（中孚九二爻辭）同人先號咷而後笑。同人九五爻辭。初六藉用白茅。大過初六爻辭。勞謙。君子有終吉。謙九三爻辭。亢龍有悔。乾上九爻辭。不出戶庭无咎。節初九爻辭。易曰負且乘致寇至。解六三爻辭。舉此七者闡明以言者尚其辭，以動者尚變。故特別揭出之曰：

擬之而後言。議之而後動。擬議以成其變化。

(3)擬。曰議。曰擬議。乃每爻爻辭的特徵。是古人對於宇宙變化觀察客觀存在的事物。擬議下斷的。惟卜人觀變。从卜筮上擬議。而作繫辭者。把七爻的擬議之辭。以形而上學釋之。對於言者尚辭。動者尚變。沒有肯定的解釋。漢人訓詁。也沒有跳出這個範圍。李鼎祚集傳。引虞翻的訓詁。多曲說。清人有勦襲虞說。而不加判斷。這是不對的。

繫辭形而上形而下兩說。形而上之謂道。繫辭引爻辭十一則以明之。一、憧憧往來。朋從爾思。咸之九四。二、困于石。據于蒺藜。入于其宮不見其妻凶。困之六三爻。三、公用射隼于高墉之上。獲之无不利。解上六爻。四、履校滅趾。无咎。噬嗑之初九爻。五、何校滅耳。凶。噬嗑上九爻。六、其亡其亡。繫于苞桑。否九五爻。七、鼎折足。覆公餗。其形渥。鼎九四爻辭。八、介于石。不終日。豫六二爻辭。九、不遠復。无祇悔。元吉。復初九爻辭。十、三人行。則損一人。一人行。則得其友。損六三爻辭。十一、莫益之。

或擊之。立心勿恒。凶。（益九三爻辭）以解形而上之謂道。繫辭所謂道者。與一陰一陽之謂道不同。乃以性理說易的張本。至於說卦傳窮理盡性以至于命。此理、性、命三字漢人亦无的解。鄭玄謂言窮其義。盡人之情性。以至于命吉凶所定。其說亦膚。至清段復昌周易補注（三十七卷）云。命、告也。窮六十四卦。而盡各爻陰陽之性。以吉凶告所謂知命。段說雖有道着處。性為各爻陰陽之性。是也。理字當指卦。韓非子解老。理者成物之文也。短長大小方圓堅脆輕重白黑之謂理。此乃理字確解。理是對比的指上下兩卦言。性指本卦。（如乾、坤兩卦。）或兩卦聯繫陰陽的衝擊。命字段氏釋為告。雖據爾雅釋詁。對此實非真諦。當從韓康伯注。命者生之極。窮理則盡其極也。但是韓注有窮理而不及盡性。若云窮理盡情以至於極。義方允。

形而下之謂器。繫辭提出十三例。全據卦辭。不引爻辭。以象、數、位、中立說。這是朴素的唯物觀點和自發的辯證法思想。表達對客觀自然規律的認識。自漢以來。雖馬融、鄭玄、陸績、虞翻有說。皆拘家法。未窺全豹也。

卜官所作卦辭爻辭。以訓詁解釋者。在卦辭可據彖辭。序卦雜卦二傳。所言亦襲彖辭語。漢時四家博士之治易。各逞異說以鳴高。未能闡明卜官繇辭象數位中之義。自王弼解易。在唐代尊老子。以王弼事老易。乃尊王而黜鄭。孔穎達正義係奉敕所製之書。而文字中有采鄭而抑王。陸德明著經典釋文。雖以王弼注為藍本。蒐集自漢至隋諸家。以證卦爻辭。惜述而不詰。後人讀釋文。咸有何趣何從之慨。不知此係陸氏之苦心。詰則有違功令。故以此種體裁出之。待學者自悟。其用心良苦。這是當時歷史條件的限制。然釋文譌處亦多。已有盧文弨考證。但是盧氏之說。也有譌處。繼陸氏之後者。宋元豐間有晁說之。以其時言易。皆空談性理。文。編古周易。作音訓。補陸氏釋文之闕。晁書雖佚。董真卿周易會通載之。見通志堂本。晁氏之書。以李鼎祚易傳為主。益之以唐劉知幾、陰弘道、徐鄖、一行、陸希聲。宋王洙王昭素等說。至清宋咸熙輯。名呂氏古易音訓。李富孫李氏易解賸義。搜羅薈萃。皆有勝義。宋人朱震漢上易傳叢說。元人董真卿周易會通。亦有可采。清人徐文靖經言拾遺。惠士奇易說。其子棟九經古義。經解本昭代叢書甲集有周易古義餘八經未刊、周易述。經解本此書引古人之書、多節刪竄改當檢原書。江藩周易述補。江氏亦喜竄改原書、李林松周易述補、李氏較江藩為勝、刪有訂惠氏之譌王引之經義述聞。內周易二卷、俞樾羣經平議、鄭獻甫愚一錄、杭辛齋[illegible]、楔易說訂。僅限於一字一句的解釋。班固敘傳。述儒林傳有古。是綜是理。是綱是紀。師徒彌散。（師古注散謂分派也）也適用於治易的訓詁的。王充論衡正說篇。論五經之失實。開宗明義曰。儒有說五經。多失其實。前儒不見本末。空生虛說。後儒信前師之言。隨舊述故。滑習辭語。其結論云。經之傳不可從。五經皆多失實之說。王說是也。

江藩經解入門云。

六朝經學之書。散佚略盡。惟經典釋文。巍然獨存。前此止作音。惟陸氏兼釋經義。前此止音經。唯陸氏兼音注。體裁獨別於諸家。故為不刊之典。其中周易音義。最為精博。雖以王為主。（祖緜按。江氏此說。大有語病。唐以李耳為遠祖。尚老易。以王弼注之易為主。）特采子夏、京房、孟喜、馬、鄭、劉表、荀爽、虞翻、陸績、王肅、董遇、姚信、王廙、干寶、蜀才、黃穎。旁及九家。張璠集解。萃十餘家於兩卷之中。視李鼎祚尤簡而該。（祖緜按。江氏此說。亦有語病。在釋文所引上列諸人。皆出集解。）窺其微意。似嫌王注空虛。

江說允。惟江氏未及朱震晁說之。此其失也。易之訓詁。當合句讀音韻一併研究。方能明瞭。

十一、卦爻辭異讀舉正

漢書藝文志。章句施孟梁邱氏二篇。言三家各有章句二篇。今皆亡佚。惟孟喜章的。許慎說文引易稱孟氏。尚可擬議。（余別撰周易孟氏學得其大略）漢書儒林傳載費直、高相亡（即無字）章句。徒以彖象繫辭十篇。文言解說上下經。陸德明經典釋文載孟氏章句十卷。京房章句十二卷。費氏章句四卷。隋書經籍志畧同。惟京房章句作十卷。後出轉增。卷帙繁多。殆後人有所增益。且費直章句。七錄云殘缺。盧文弨釋文考證據漢書云無章句。則此亦後人託作。盧說允。李鼎祚周易集解所采諸家章句。已是傳注述解四者並舉。漢時卦爻辭的章句。各家已有不同。今靡得詳考。後人以章句即句讀。非是。兩者有別。句讀不容游移兩可。句讀正。不致誤解。但漢時四家博士已各持家法。互相駁難。如漢書朱雲傳載折服五鹿充宗之類。是其明證。

從漢代以來。易學聚說紛陳。莫衷一是。原因很多。句讀分歧。乃關鍵所在。因為句讀有異。內容當然兩樣了。根固然後枝葉茂盛。句讀是治易的基礎。若句讀不明。未能董理清楚。那就无法循序深入。研討思想內容了。

易經句讀。自漢迄今。各持一說。見仁見知。實有何趣何從之感。如漢京房之易。就和施孟梁丘三家不同。唐孔穎達周易正義。陸德明釋文。郭京周易舉正等書。皆揭舉句讀。

晁說之古周易雖佚。見宋咸熙所輯的呂祖謙古易古訓所載。句讀則从釋文。清王夫之周易內傳、周易稗疏、惠棟九經古義、周易述頗重句讀。江藩經學入門舉而不正。王引之經義述聞、武億經讀考畧補經考畧諸作。皆致力於審訂句讀。今在前修研究的基礎上。進一步加以是正。

漢宋至今。句讀分歧。究竟應以何者為準繩呢。我認為周易的卦爻辭是殷周之際太卜所編纂的。編纂卦爻辭的目的。為了便于占筮之用。既然為了占筮。太卜寫定卦爻辭的依據。必有一定的方法。初步的考證。太卜對卦爻下的斷語。是依據象的。觀象的陰陽變化。即陰陽兩種元素的矛盾冲擊。發生變化。下吉凶的斷語。這就是繇辭。也就是卦爻辭。太卜依象造辭。象即包含象、數、位、中四種方法。以制定卦爻之辭。因此據象以辨卦爻辭的句讀。始能得淄澠之辨。不致莫衷一是了。春秋戰國的易學家。一改占筮的載籍。闡發成為研究哲學思想重要圖書。但繫辭傳還說。

易有聖人（一作君子）之道四焉。以言者尚其辭。以動者尚其變。以制器者尚其象。以卜筮者尚其占。

雖把易理進一步闡發。但是尚占應先觀象。觀象應先觀變。知陰陽之變。始明造辭之理。太卜之法。還有些保存着。也可證審句讀。必須依據象。可是象數派的易學家。專在象數中兜圈子。造成煩瑣的現象。易理反弄胡塗了。而理義派又全棄象數。隨意立說。故弄玄虛。也愈說愈遠了。近人又有不主象數。不涉義理。以勾稽史料為目的。矯枉過正。難窺全豹。因此訂正易經卦爻辭的句讀。應根據太卜依象造辭之法。作為準繩。這樣不致黑白混淆。无所適從。

例如履卦爻辭。它的組成是

卦辭。履虎尾。不咥人。亨。

爻辭。初九素履。九二履道坦坦。六三履虎尾。九四履虎尾。九五夬履。上九視履考祥。

履之六爻。太卜定辭。是據象數位中立說的。依象位的現象。定下繇辭的。據此。呂氏春秋愼大覽。引此作愬愬履虎尾。終吉。與今本履虎尾愬愬。終吉。句讀各異。若依象而言。呂氏春秋所引。乃失其序。當以今本為是。戰國時易學家。以象象釋卦爻辭。雖以儒家思想闡明易理。但尚存象數位中。以訓易卦爻辭的方法。近人認為經與傳時代不同。不可混淆。這點沒有人反對。但是傳是釋經的。其中有部分采取前人成果。有部分滲入后人的思想。這應認真考辨。若用一棍打死的方法生硬割裂。就无法深研了。

茲舉卦爻辭異讀。各家訟說莫定的。訂正如下。

君子終日乾乾。夕惕若厲无咎。乾九三。

此爻異讀有五

一、君子終日乾乾。夕惕若厲。无咎。 淮南子人間訓，陸德明釋文。

二、君子終日乾乾。夕惕若夤。无咎。 晁說之古周易。惠棟周易述。

三、君子終日乾乾。夕惕若。厲无咎。 江藩經學入門，武億經讀考畧引。

四、君子終日乾乾夕惕。若厲无咎。 江藩引。

五、君子終日乾乾。夕惕若。厲无咎。 閻若璩困學紀聞箋。

漢唐舊讀。以夕惕若厲為句。如淮南子人間訓。漢書王莽傳。說文。風俗通，後漢書謝夷吾傳注。書冏命正義。以及荀爽干寶諸注。引易皆以厲斷句。以厲為句。漢碑此例甚多。說文讀若易夕惕若厲。雖言[illegible]讀若惕。不過舉音讀而已。小徐本說文又脫讀若兩字。更啟后人之疑耳。惠氏祖孫。（惕周、棟、）以厲當作夤。王念孫父子。（見王引之經義述聞）立五證以明其非。段玉裁說文解字注。亦譏惠說之失。是也。釋文厲作危。解爾雅釋詁、以文言兩言雖危无咎。王夫之云。厲、危也。凡言无咎者並宜若有咎而无之也。（見周易內傳、）皆非確說。易經凡舉厲者。卦辭一處。爻辭二十三處。易之斷語。見於繫辭者。有吉、凶、悔、吝、无咎五者。惟不出厲字。則厲非斷語可證。漢書儒林傳。以厲賢材。注。厲、砥厲也。與說文厲。旱石也。說合。因厲石有砥厲之功。砥亦作底。言旱石精者為底。粗者為厲。詩大雅公劉。取厲取鍛。言人能自乾夕惕。厲鍛不已。可以无咎。是當夕惕若為句。厲无咎為句。復六三、睽九四並作厲无咎。是其證。

夕惕若句。王夫之閻若璩說。允夕惕表態狀語。若助詞。觀有孚顒若。離六五、出涕沱若。戚嗟若。豐六二有孚發若。史巫紛若。節六三、不節若。則嗟若。皆以若斷句。其例正同。

坤、元、亨、利、牝馬之貞。君子有攸往。先迷後得。主利。西南得朋。東北喪朋。安貞吉。

坤此爻異讀。釋文坤。元亨。利、牝馬之貞。惠棟从之。有以坤。元亨。利。牝馬之貞。（見武億引）兩家斷句。皆非是。乾元亨利貞者。係殷周之際太卜占筮用的術語。觀象以定四者之術。四者應分讀。易傳左傳始以元亨利貞四者作為四德解。這是

后艸之義。此當句讀為坤。元、亨、利、牝馬之貞。程傳及項安世周易玩辭。雖以
牝馬之貞為句。惜不解元亨利貞之義。仍以四德立說。說尚未允。
先迷後得。主利句。有以先迷後得主。利。王夫之惠棟主之。有以先迷後得主利。
孔穎達正義主之。當從程傳朱熹本義。先迷後得。主利為是。此利當據繫
辭傳。變動以利。作為利害解。如利有攸往。不利有攸往。是其例。凡太卜遇
乾兌之象。即以利象為斷。
武億謂文言后得主而有常。則主字絕句。又蹇利西南。解利西南。則利字屬
下。又可舉証。丁壽昌讀易會通。以利字當自為句。皆非是。程傳朱熹本義。
雖以主利為句。未能闡明。按主利兩字。疑周代習語。考周禮冢宰。以九兩
繫邦國之名。六曰主。以利得民。此言主利。即周禮主以利得民之謂也。

直方。大。不習。无不利。 坤六二

此爻舊讀。皆以直方大為句。史徵口訣義習。生物不邪。直也。地體安厚。方
也。无所不載。大也。朱熹本義本此。非是。其實直方為句。與坤之六爻。履霜、
含章、括囊、黃裳、玄黃、皆叶。可證。大。當自為句。聞一多周易義證類纂。據

熊氏經說。象、文言皆不釋大。疑大字衍。認為大即下文不之譌衍。說也未諦。象、六二之動。直以方也。文言、敬以直內。義以方外。皆不及大字。這僅說明直方當為句耳。且文言又云。敬義立而德不孤。直方大不習无不利。則不疑其所行也。可證先秦古本也有大字。考諸於象。此爻陰陽沖擊在二爻。由坤陰變坎陽。其象有陽。故訓大。荀爽云。大者陽也。舊訓如斯，頗為的解。

磐桓。利居貞。利建侯。（屯初九）

此爻有二讀。一、磐桓利居。貞。利建侯。二、磐桓。利居貞。利建侯。當以後者為是。武億云。考魏明帝徵管寧詔。磐桓利居。又以居字為讀。貞字另為義。不與居連文。按三國志管寧傳。詔青州刺史曰。磐桓利居。高尚其事。係行文用四字為句耳。其文又云。雖有素履幽人之貞。則用履初九素履。九二幽人貞吉。連綴成文。不足據也。磐桓與六二邅班韵叶。可證磐桓為句。虞翻云。得正得民。故利居貞。漢讀如是。可以取則。

即鹿无虞。惟入于林中。君子幾。不如舍。往吝。（屯六三）

此爻異讀有二。有以幾字為句。有以君子幾不如舍為句。淮南子繆稱訓引此爻。高誘注云。即、就也。鹿以喻民。虞、欺也。幾、終也。就民欺之。即入林中。幾終不如舍之。使之不終。如其吝也。高誘以君子幾不如舍連讀為句。其說膚。鄭玄改幾為機。王肅改鹿為麓。致異義橫生矣。此爻當以幾字為句。幾即繫辭傳幾者動之微、吉之先見之意。高誘以即訓就。是也。廣雅釋詁同。虞翻云。吝、小疵也。說文吝與遴通。作難行解。是也。此爻言逐鹿而沒有虞人作嚮導。鹿遂竄跑入叢林之中。无法獲得了。君子見了這種現象。不如捨去。假使跑進林中。這是吝象。徒勞无獲的。

需。有孚。光亨。貞吉。利涉大川。需

馬融、鄭玄、虞翻、王弼皆以光亨貞吉為句。釋文光先師讀絕句。亨貞吉一句。以上兩種句讀不妥當。應光亨句。貞吉句。王引之經義述聞。以光訓廣大。光亨猶大亨也。此說對的。貞即貞問。此爻占筮。得吉之兆。吉字係斷辭。

訟。有孚。窒惕。中吉。終凶。利見大人。不利涉大川。訟

釋文一讀有孚窒句。惕中吉句。聞一多非之。是也。聞以窒惕雙聲連語。不分二義。舊均誤以窒與惕字各為義。此从王弼說。以有孚句。窒惕句。中吉句。惠棟

句讀各異。有孚句。中吉句。其說甚韙。王弼注云。能惕然后能中吉。可證中吉為一句。惟窒惕同義。聞說非當。虞翻云。窒、塞止也。惕、懼也。則窒當一字為句。惕當一字為句。孔穎達正義同。說文窒、塞也。塞即不通。呂氏春秋盡數篇。處鼻則為鼽為窒。注、不通也。淮南子兵略訓注。訟、公也。訟而不通。不能公正。則終凶也。可證窒惕二義。當各自為讀。考窒吉叶。當以韻斷句。

不克訟。歸而逋。其邑人三百戶。无眚。訟九二

荀爽、陸德明、朱熹、徐文靖經言拾遺等。以歸而逋為一句。其邑人三百戶為一句。王弼、孔穎達、惠棟等。則以歸而逋其邑為句。人三百戶為句。鄭剛中周易窺餘。以不克訟歸為句。而逋其邑人三百戶為句。丁壽昌云釋文以而逋絕句。當是舊讀。易爻有韻。逋與戶韻。根據韻讀斷句。乃是的解。此爻有人訟邑主于王。訴訟失敗。歸來后這一邑中三百戶人家。可以避難。遂免於禍。穀梁莊九年傳。十室之邑。可以逃。百室之邑可以隱死。以千乘之魯。而不能存子糾。以公為病矣。可作旁證。

食舊德。貞。厲終吉。或从王事。无成。 訟六三

此爻凡兩讀。有以食舊德貞句。厲終吉句。有以食舊德句。貞厲句。終吉句。兩讀皆非。當以食舊德句。貞一字為句。厲終吉為句。貞乃元亨利貞之貞。係太卜占筮術語之一。厲終吉與乾九三厲无咎同例。當作一句。程頤以食舊德貞為句。此望文生義。考許慎五經異義云易爻位三為三公。二為卿大夫。田食舊德。食舊德謂食父故祿也。見毛詩大雅文王之什疏及禮記王制疏引。可證許慎所見本猶食舊德為句。貞另為句。或从王事。无成。此太卜另筮。六三象同辭義似相關。實則太卜兩次的斷語。解者乃合而為一耳。此例爻辭間有之。不可不察。

不克訟。復即命渝。安貞。吉。 訟九四

王弼注以復即句。命渝句。程傳以復即命句。渝安貞句。朱熹語類以復即命句。渝一字句。斷句皆未安。虞翻以復即命渝句。義勝。象云復即命渝。安貞不失也。當以復即命渝。安貞。吉斷句。是其明證。克有勝義。不克訟。説訴訟失敗。復即周禮大司寇凡遠近惸獨老幼有復於上之復。注。復猶報也。即。就也。見方言十

二。焦循解為从。義亦同。渝與成有渝、豫上六官有渝、隨初九之渝義同。作變解。

這爻說訴訟失敗再訴訟。前次之命已變。故安貞吉。王弼云變前之命。此解得之。

師。貞。丈人吉。无咎。師

此卦辭有以師為句。貞丈人吉為句。有以師貞為句。丈人吉為句。惠棟周易述以師句貞丈人句吉无咎句。非是。子夏傳丈人作大人。(見李鼎祚集解引)子夏傳偽書。不足从。揚雄、鄭玄陸績皆作丈人。可證。丈人惠棟解為老人年長者。惠說迂。凡兵士應役者。首重身度。孟子告子篇。交聞文王十尺。十尺為丈。疑卦辭指文王的身分。如貞筮遇此。丈人問則吉。其它問(貞為問見周禮天府注)无咎的。彖貞、正也。能以眾正。可以王矣。這是彖傳作者釋貞之義。與此異。

在師。中吉无咎。王三錫命。師九二

此爻有以在師中句。吉无咎句。惠棟謂此荀爽、虞翻義也。有以在師中句。吉一字為句。无咎句。王弼謂在師而得其中。主中字當句。孔穎達認為吉之一字。上下兼賅。可兩讀。諸家斷句不當。在師當為一句。中吉另為一句。訟有孚窒惕、中吉、亦以中吉為句。是其例。據象二爻陰陽沖擊。由坎變坤。故有中象。此以中爻辨是與非。乃知吉兆。錫命即賜命。錫賜通借。此爻言出師在外。筮得此爻先吉。終无咎。王將再三賜命。以勞其功。

有孚。血去。惕出无咎。 小畜六四

舊讀以有孚血去為句。惕出為句。王弼謂故得血去懼除。保无咎也。王夫之謂終不與競。則血去矣。皆以血去連文有以有孚句。血去句。當從下讀。朱駿聲說文通訓定聲履部。血出叶。在段玉裁六書音韵表。以血在十二部。出在十五部。不當叶。渙上九渙其血去逖出。无咎與此詞相類。今醫家治癰疽去血得愈。乃血去惕出之謂。有孚血。惠棟从馬融說。以血讀為恤。非碻。以句爽。王弼仍作血釋文云。血如字。說皆精當。血去之血。即渙上九渙其血之省文。說文惕也作愁。故渙上九去逖出。一本作去惕出。見朱震說。逖訓遠。去逷出。言離此遠害也。象以遠害釋之。是其明證。

既雨既處。尚德載。婦貞厲。月幾望。君子征凶。 小畜上九

此爻有以尚德載為句。有以尚得載婦為句。武億云。考此宜尚德載婦厲讀。如復九五央復貞厲。噬嗑六五貞厲无咎。大壯九三貞厲。晋九四貞厲。

革九四征凶。貞厲。旅九三貞厲。並可舉正。武說非是。貞厲固當連文為句。但貞訓問即占筮以問吉凶。貞係動詞。上面也可加主語。如屯六二女子貞不字。觀六二利女貞。恒六五貞婦人吉。即婦人貞吉。家人婦人貞吉可證。家人利女貞。則貞字前後可加女、女子、婦等字。如恒六五貞婦人吉下有夫子凶句。即夫子貞凶。也就是說。婦人筮得此爻就吉。男人筮得就凶了。因為象不同。應分別下斷。則此爻當婦貞厲句。

尚德載為句。德京房虞翻作得。德得古通。聞一多以載讀為菑。詩載芟俶載南畝。箋俶載當為熾菑。菑即耕。詳周易義證類纂。此說似非。近人高亨以說文載乘也。大有九二云。大車以載。睽上九云。載鬼一車。其義並同。見周易古經今注。此說允當。既雨既處之處。俞樾訓止。見羣經平議。甚韙。說既雨既止。尚能乘車而行。婦貞厲和月幾望。君子征凶。這和既雨既處。尚德載。係殷周之際太卜三次占筮的斷辭。編纂者合并為一。蓋象同斷異耳。理亦得通。惟何以雨能止。似尚非的解。余疑雨為黍字。另文詳述。

勞謙。君子有終。吉。謙九三

此爻有以勞謙君子為句。有以君子有終為句。吳澄據初九謙謙君子。證此當勞謙君子句。非是。應讀勞謙為句。考六二鳴謙。六四撝謙。上六鳴謙。皆斷謙為句。是其例證。

君子有終當為一句。卦辭正作君子有終。爻辭承卦辭而言。荀爽云。坎體為勞。終下二陰。君子有終。故吉也。荀亦以君子有終句。並其證。此爻說有功而不驕矜。君子功業有始有終。故吉。

无不利。撝謙。　謙六四

荀爽以无不利為句。撝謙為句。孔穎達正義、朱熹本義同。是也。程頤易傳以无不利撝謙為一句。非是。律以上下爻。則撝謙為句。撝荀爽訓舉。以為行謙。則无不利。

武億云。此兩句似有倒亂之訛。宜作撝謙。无不利。於義為協。武校无不利。撝謙。為撝謙。无不利。義无出入。文句較整而已。然太卜所作爻辭。句式時有參差。如觀初六童觀。六二闚觀。觀字在下。而六三觀我生。六四觀國之光。九五觀我生。上九觀其生。皆觀字在上。可知句法有變化。不必求同。

幹父之蠱。有子。考无咎。厲終吉。蠱初六

釋文云。有子考无咎絶句。周弘正依馬融王肅以考絶句。此兩讀皆非。當應有子絶句。考无咎絶句。

幹即文言貞固足以幹事之幹。蠱虞翻訓為事。此言幹其父之事。有子可繼任。父聞一多據予有吾讀考為孝。屬上讀。考當連下讀。考即父。則无咎。雖危終吉。此爻乃太卜記載周之史實。考竹書紀年文丁十一年。殺季歷。姬昌陰為策劃。以思復仇。至姬發始伐紂。本爻似指姬發武王能幹姬昌文王之事。

觀我生進退。觀六三

有以觀我生進退為一句。有以觀我生句。進退句。武億云。證以下九五觀我生。上九觀其生。則此觀我生。亦宜為句。進退另為句。武說允。觀卦與上卦臨相聯繫。臨以臨民。觀以觀民。漢儒皆以五字為一句。因據象傳觀我生進退。不失道也而誤。此爻與九五並出觀我生。象傳云觀我生。觀民也。此釋得之。大戴禮本命。化於陰陽象形而發謂之生。生義當從之。言觀我民之動態。而為進退。故九五有君子无咎之斷。殷周之際社會中的大人君子小人諸詞。余別有說。

剝牀以足。蔑貞凶。 剝初六

虞翻、孔穎達、朱熹並以蔑貞凶為句。非是。此爻當以剝牀以足句。蔑句。貞凶句。象、剝牀以足。以滅下也。可證。蔑、荀爽作滅。是也。蔑即滅。說文蔑作蔑。滅蔑為威之孳乳。正字為威。詩大雅。赫赫宗周。褒姒威之。說文威滅也。言床足已剝。人不能安眠。以喻處境之危。將有滅亡之兆。故筮問此爻得凶象。

剝之无咎。 剝六三

晁說之云。京、劉、荀爽一行皆无之字。釋文一本作剝之无咎。非。按陸德明釋文據王弼本。今考唐石經本及相臺本皆有之字。象、剝之无咎。失上下也。亦有之字。如比初六比之无咎。六二、比之自內。六三、比之匪人。六四、比之貞吉。上六比之无首。又否。否之匪人。句式相同。可證當有之字。此爻有以剝之為句。无咎為句。有以剝之无咎連讀。偉 以比否句式。當以連讀為勝。

顛頤。拂經。于丘頤。征凶。 頤六三

此爻異讀有三。一、顛頤。拂經于丘。頤征凶。王肅、王弼主之。惠棟周易述同。

二、顛頤拂經。于丘頤。征凶。程頤主之。三、顛頤拂經。于丘頤。征凶。朱熹及任啟運周易洗心主之。按：朱熹任啟運句讀是也。惟本義訓釋泥於彖傳。不足取。

頤、序卦傳養也。爾雅釋詁、釋名釋形體同。雜卦傳頤養正也。係抄襲彖傳。養正則吉也語。已滲入儒家的思想。頤當訓養。管子國蓄篇塞民之養注：養利也。此乃的解。頤之卦辭。觀頤。自求口實。言殷周之際社會。教民以利養為要務。故彖先言觀頤。觀其所養也。自求口實觀其自養也。在那時社會。尊重人民的生活。至於養賢。是儒家思想戰國秦漢易學家所發揮而已。

拂、子夏傳作弗。云輔弼也。玉篇引易作咈經于丘。則古本作咈。說文咈違也。拂咈為弗之孳乳。義通。子夏傳解弗為輔弼。這據彖養賢而演其義。與全卦不能貫通。足證子夏傳乃后人偽作。王肅云拂違也。與說文同。又云經常也。此義為勝。于至顛亦作傎。廣雅釋言。傎倒也。又作傎。儀禮士喪禮注或傎倒衣裳。詩齊風東方未明。顛倒衣裳。楚辭愍命。顛衣以為裳。皆其比。王肅謂養下曰顛。猶言養就食也。顛頤係吉兆。若養下而違常。亦係凶兆。揚雄太玄以養準頤。次三。糞以肥丘。即據此而言。于丘頤。于丘陵之地養民。則民不得其所養。故曰拂經于丘頤。它如李恭周易傳注。以經訓頸。拂訓捩。焦循易通釋顛訓填說皆支離。

拂頤。貞凶。十年勿用。无攸利。 頤六三

徐文靖經言拾遺六三拂頤貞。程伊川、楊敬夫皆以此為絕句。程頤等以貞字為句。與易例不合。太卜所作爻辭。凡陰陽沖擊變象有坎體者。其斷辭不是貞吉。就是貞凶。這是太卜造辭的專門名詞。不能把貞凶前一字屬上句。后一字屬下句。這樣與易例違。當拂頤句貞凶句。

樽酒。簋貳。用缶。納約自牖。終无咎。 坎六四

釋文樽酒絕句。簋貳絕句。用缶絕句。舊讀樽酒簋絕句。貳用缶一句。陸德明前一句讀。从王弼說。王云。雖復一樽之酒。二簋之食。瓦缶之器。舊讀據鄭玄虞翻說。王夫之以樽酒簋貳四字為句。象傳既有明文而晁氏以貳字連下用缶為句。謂象傳貳字為衍文。徒以私意改經文而文義不通。本義从之過已。周易稗疏。 王引之經義述聞亦以舊讀為非。兩說為得。象樽酒簋貳。剛柔際也。則貳當屬上為句。此證一。損卦辭。二簋可用享。弍貳二通。簋

賁即二簋也。此證二。此爻酒缶牖咎叶。此證三。

晁說之云。納京一行作內。李鼎祚周易集解引崔憬說。內約。文王於紂時行此道。从羑里內約。卒免于難。故曰自牖終无咎也。據此則納約為句。自牖終无咎為句。據古韵當以牖咎叶。此斷句非是。廣雅釋詁納訓入。說文約訓纏束。納約猶言入時纏束之。牖即羑字。此爻有囚繫之象。崔說疑是。牖即牖里。殷獄名。或作羑里。此爻太卜據文王囚牖里的史事以造辭也。

履錯然。敬之。終吉。離初九

武億云。舊讀並从然字絕句。考象辭明言履錯之敬。則履錯然敬之五字連讀。亦可為義。按舊讀是。此卦之象有火。履錯然言凡火災足履之地紛亂之象。敬王弼釋警。釋文从之是也。敬之言應警惕它。指火終吉。

王用出征。有嘉折首。獲匪其醜。无咎。離上九

此爻異讀有二。有以有嘉為句。有以有嘉折首為句。武億云。小象多有韵。此當曰有嘉折首。庶與韵協也。顧氏易本音亦同此。丁壽昌也云。考此爻皆四字為句。首醜協韵。當从注疏。以有嘉折首為句。兩說是也。王弼

陸德明亦以首字絶句。

恒其德。貞婦人吉。夫子凶。 恒六五

王弼以恒其德貞為絶句。孔穎達程頤朱熹並同。虞翻以貞婦人吉為句。虞說是。九三不恒其德。此爻恒其德。承九三而言。則恒其德為句為勝。貞婦人吉。與小畜上九婦貞厲。屯六二女子貞不字。斷法相似。貞訓問。係太卜依象斷辭的術語之一。不是婦人貞一之貞。禮記緇衣引此。改貞作偵。

遯尾。厲。勿用有攸往。 遯初六

此凡兩讀。遯尾厲三字連文為句。遯尾一讀。厲字一讀。武億云義並得通。太卜據爻位。以初象尾。既濟未濟初爻皆云濡其尾可證。位初故勿用。與乾初九勿用相同。此太卜據位而下斷之明證。

係遯。有疾厲。畜臣妾吉。 遯九三

此爻有以有疾句厲句。有以有疾厲為一句。武億以為兩讀義並通。非是。象云係遯之厲。有疾憊也。釋文憊。鄭玄云困也。王肅作斃。則當係遯為句。有疾厲為句。係即繫。說文作系。並同。係以繩繫也。虞翻義。此厲字與初六遯尾厲之厲義異。疑厲為癘之省。作有疾癘解。因此爻位三。陰陽沖擊。有否之體。否乃萬物不通。故斷辭有疾癘之象。

晉如摧如。貞吉。罔孚。裕无咎。 晉初九

江藩云。有以罔孚為句。裕字屬下。有以罔孚裕連文為句。武億云。王輔嗣注。及孔氏疏。程傳。朱子本義。悉以罔孚為句。裕連下无咎為句。據象辭裕无咎未受命也。則裕字連下讀為是。兩讀皆非是。晉如摧如句。晉訓進。摧訓退。此言進退得宜。乃得貞吉。罔孚。馬融王肅訓罔為无。與爻義不合。大壯九三君子用罔。釋文罔羅也。說文引此作有孚。裕无咎。說文易稱孟喜。此孟氏家法。作有孚解甚韙。裕說文衣物饒也。是也。言財用進退有常。衣物富饒。斷為无咎。此爻由明夷晉兩卦聯繫。聯繫指一卦變為另卦。含有坤象。故太卜據象下此斷語也。

明夷于南狩。得其大首。不可疾貞。 明夷九三

此爻有以不可疾貞為句。有以不可疾為句。貞一字為句。前說是也。明夷卦名。解釋不一。考明夷初九乃鳴鴺之假。明鳴古通。陸士衡長安有狹邪行。欲鳴當及晨。注。春秋考異郵。雞應旦明。明與鳴古字通也。文選卷二十八。又擬今日良宴會。文選卷三十。

又李蕭遠運命論（文選卷五十三）宋衷注皆云。明與鳴通。是其證。鶘又作鶦。説文鶦胡污澤也。山海經東山經作鵹胡。善渴澤而漁。莊子物外魚不畏網而畏鵜鶘。淮南子齊俗訓。鵜胡飲水數斗而不足。皆其證。至六二夷于左股夷乃痍之之假。首俞樾訓道。至碻。道為首之孳乳。不可疾貞為句。疾王弼訓速。説文速疾也。兩字互訓。言不可疾貞。猶貞不可疾。卦爻辭可利通用。並問得此爻之象。不利疾病。

公用射隼于高墉之上。獲之无不利。解上六

此爻異讀有二。一、公用射隼于高墉之上。獲之无不利。二、公用射隼。于高墉之上獲之。无不利。武億云。考象辭言。公用射隼。則宜四字為句。于高墉之上獲之連文為句。義較長。周禮司尊彝注。或讀為公用射隼之隼。鄭引此以隼字句絕。又可舉證。武億據小象及鄭玄注。以證公用射隼為句。非當。小象釋爻辭。往往省畧。不足為證。又漢時音讀。未有切音。故許慎用讀若。鄭玄讀為。或舉古語。或舉民間諺語以明之。也多有省畧。不能舉為確證。如明夷六二用拯馬壯。説文𢪊云。讀若易拯馬之拯。既濟六四繻有衣袽。說文繻字云。讀若繻有衣。古人引文往往省畧小象鄭注。也有省畧不當作句讀之左證。則此爻當以公用射隼于高墉之上為句。獲之无不利。其義甚明。公指姬昌而言。史記周本紀。姬昌為紂三公。是其證。馬融墉訓城。國語魯語下云。仲尼在陳。有隼集於陳庭而死。楛矢貫之石砮。其長尺有咫。是隼貫矢猶能遠飛。孔穎達云。隼者貪殘之鳥。鸇鷂之屬。韋昭云。隼鷙鳥今之鶚也。射隼亦尚武。姬昌親射之于高城之上。時人誦之。故太卜引此故事以入爻辭。

弗損益之。无咎。貞吉。利有攸往。得臣无家。　損上九

此爻舊讀皆弗損益之為句。晁說之客語。陳振孫書錄解題。作客話。晁說之據。弗損絕句。見周易稽疑引。考晁說之古周易。已經否定了。他自己的說法。當仍據舊讀。弗損益之為句。與下文得臣无家相應。

惕號。莫夜有戎。勿恤。　夬九二

此爻異讀有二。據王弼注。是以惕號莫夜有戎為句。勿恤為句。孔穎達正義。則以惕號為句。莫夜有戎為句。勿恤為句。武億云。考此象辭明言。有戎勿恤。

則宜以惕號莫夜絕句為正。沈起元周易孔義集說同，武沈兩說非是。當以惕號句。莫夜有戎句。勿恤句。方合此爻之象。釋文惕荀翟作錫，賜也。晁說之云。古文作易。錫號易號。義均難安。郭雍郭氏傳家易說云。惕、知懼也。號明戒也。此說得之。莫暮古今字。恤即邮字。說文引此作勿邮。可證。此爻說向人民警告。暮夜時候。有敵人來侵犯擾亂。你們準備一切。不必憂愁。爻義明白曉暢。鄭玄據京房師說。莫釋无。以為夜夜有戎。與下勿邮義違。

有孚不終。乃亂乃萃。若號。一握為笑。勿恤。往无咎。萃初六

有以若號一握為笑六字為句。有以若號為句。一握為笑另為一句。號笑兩字韻叶。句讀當據而斷。釋文正以若號絕句。是其明證。若號猶號咷。笑貌。握鄭玄以為當讀為夫三為屋之屋。見釋文引。似是。周禮小司徒鄭玄注云。夫三為屋。屋三為井。此疑泛指鄉里也。此兩句與同人九五先號咷而后笑。斷法雷同。這爻說封建主守信不終。羣众秩序混亂。就聚會一處。序卦傳萃者聚也。假使封建主能改變主張。則可先號咷而後一鄉之人皆笑。故斷云。勿恤。往无咎也。

引吉。无咎。孚乃利用禴。萃六二

舊讀孚乃利用禴五字連讀爲義。是也。有以孚爲句。乃利用禴爲句。程頤更以孚乃爲句。利用禴爲句。皆非是。程頤句讀尤誤。以爻辭句法爲證。萃初六乃亂乃萃。隨上九乃從維之。困九五乃徐有說。乃作副詞。連下成句。程頤的斷句。昧于易例了。

引吉之引。聞一多云。疑當爲弘。弘吉占卜術語。卜辭屢見之。爾雅釋詁曰。弘、大也。弘吉无咎。猶九四大吉无咎也。此說新穎。以象斷之。萃內卦坤。坤象出含弘光大。據坤立說。說亦可通。惟小象釋六二曰。中未變也。虞翻注曰。應巽爲繩。艮爲手。曰引吉。虞據象而斷。當作引吉。不必改字。蓋小象所謂中。即指中爻。中爻爲咸。互巽互艮。故虞據以證引吉。此說爲是。此爻言引吉无咎。示之以信。乃可用利作可解禴祭。

此爻孚字。太卜以信斷者。因其象據萃升兩卦聯繫變化而來的。故兩卦二爻萃六二升九二皆言。孚乃利用禴也。釋文禴。殷春祭名。馬融王肅說同。鄭玄虞翻皆云。殷夏祭之名。王弼云禴。祭之薄者也。白虎通宗廟篇。夏曰禴者。麥熟進之。爾雅注。禴、薄也。夏時百穀未登。可薦者薄也。考諸爻象。萃升二爻陰陽矛盾。發生變化後。其象有離體。離一般指爲夏。則从鄭虞作夏之薄祭為允。此言示之以信。即使用薄祭也无妨。

萃有位。无咎。匪孚。元永貞。悔亡。 萃九五

此有兩讀。虞翻以无咎匪孚四字為句。非是。朱熹以无咎屬上為義。匪孚屬另作一句。近讀多从之。是也。

考太卜依象造辭。有據位而斷者。此爻是其例。萃有位者。爻之所處曰位。說明矛盾變化也要視位而不同。陰陽的位當。就是吉兆。反之。成為凶兆。這爻是第五位。得陽的爻象。所以叫有位。

井收。勿幕。有孚。元吉。 井上九

虞翻以井收勿幕為句。釋文同。王弼以勿幕有孚為句。皆非是。考此爻收孚韵叶。據韵而斷。當以井收句。勿幕句。有孚句。元吉句。馬融訓收為汲。言井水可以汲取。虞翻訓幕為蓋。王弼訓為覆。皆是。王弼云。不擅其有。不私其利。則物歸之。往无窮矣。此注得其意。勿即弗。此爻說井已修竣。井水讓羣众汲取。不要覆蓋。以示有信。這樣是大吉之事。此爻與九三可用汲王明並受其福。義相同也。

女承筐。无實。士刲羊。无血。无有利。歸妹上六

舊讀以女承筐无實為句。士刲羊无血為句。非是。此爻筐羊韵。實血韵叶。這是隔句叶韵之法。如詩罝置。罝與夫協。丁與城協。顧炎武詩本音舉之。以為隔句韵。是也。但是顧炎武易本音沒有舉出。可見顧炎武疏于易了。當以江有誥易經韵讀的叶韵。據隔句叶韵之法。當以女承筐。无實。士刲羊。无血。斷句。古代社會未婚女子叫女。已婚叫婦。那時風尚男女戀愛。情好既篤。然後成夫婦。此爻乃太卜引用民間歌謠。言男女相戀。只顧談情說愛。女的去采實充食。忘了采擷。男的正在宰羊。持刀而忘却動手。羊還沒有流血。據易而言。也合於象。左傳僖十五年引此作士刲羊。亦无衁也。女承筐亦无貺也。羊衁筐貺一韵。文與今易稍異。可證古之民歌。太卜引用。已有出入。

旅焚其次。喪其童僕。貞厲。旅九三

虞翻以喪其童僕句。貞厲為句。朱熹說同。孔穎達以喪其童僕貞為句。程頤說同。武億云。證之經文。六二得童僕貞。此正與上相對。以孔程讀為正。武億以孔程說非當。六二亦當得童僕為句。貞一字為句。考大壯九三

晉九三，訟六三及噬嗑六五，皆作貞厲。是其例。虞翻訓貞為正，王引之已證其非。有虞氏釋貞以正違失經義一則，惜王引之僅引彖象以正虞失。說尚未諦。凡卦爻辭出貞字，其義有三。一為貞悔之貞，見於洪範。卦爻辭則少見。二為貞問之貞。字當作貞，與卜辭之貞字同義。屯九五大貞吉。小貞凶是。三為元亨利貞之貞。指爻象或兩卦聯繫而言。如旅旅貞吉。六二得童僕。貞。及本爻貞厲。皆由豐旅兩卦聯繫而來。陰陽之變往往用貞以表之。

巽在牀下。用史巫紛若。吉。无咎。巽九二

此爻有以用史巫為句。紛若吉為句。武億據小象。紛若之吉。得中也。以證紛若吉當句。武說非是。考大有六五。交如威如。吉。小象則云威如之吉。睽上九。往遇雨。則吉。小象則云。遇雨之吉。小象皆取上下句而綴文而釋。此種句式。小象有十餘則。是其明證。巽在牀下句。說祭祀之時。人伏於牀下。雜卦傳巽伏也。用史巫紛若句。說文用可施行也。即小象終不可用也之用。見剝上九豐九三小象說。此說史巫祭祀。施行巫術紛紜雜陳的樣子。若助詞與如字同。以告誡群衆。如此吉而无咎。

以上三十餘則。自兩漢迄今。異讀不一。各抒己見。未能是正。今集鄭玄、虞翻、荀爽、王弼、陸德明諸家異同。博稽王夫之、惠棟、王念孫、江藩、武億、俞樾及近人之說。分析比研。舉而正之。

十二、易韻考異

研究易經。首先要明聲韻。正句讀。這二者乃是基本功。若先置聲韻句讀於不顧。就着手分析辨證易經的思想。那末往往難得確解。聲韻和句讀不可分割。必先據聲韻以斷定句讀。二者刃解。就不致妄生誤解了。

明以前的易學家。就昧于聲韻。如漸上九。鴻漸于陸。其羽可用為儀。宋胡瑗以陸為逵。認為逵和儀叶韻。朱熹周易本義也說。今以韻讀之良是。顧炎武已證其謬。王弼周易注。峩峩清遠。儀可貴也。是陸當讀為峩。峩从戈得聲。古韻與儀叶。宋人不察。改陸為逵。或改為阿。見周易折中。皆非是。又如訟九二不克訟歸而逋其邑人三百戶。宋鄭剛中周易窺餘不明易韻。以不克訟歸為句。而逋其邑人三百戶為句。其它異讀至多。皆疏于聲韻。聞一多周易義證類纂。逋當讀為賦。作賦斂解。也失其義。此文逋戶叶韻。逋說文亡也。廣雅釋言竄也。小象同。與左傳昭公七年。紂為天下逋逃主之逋，義同。此言歸而逋。即逃亡而歸之意。治易者疏于聲韻，就无法句讀，句讀一誤。義理全非。想把卦爻辭得到確解。真是南轅北轍了。

明陳第易音考。張獻翼讀易韻考。始正易音。用力雖勤。紕繆間出。明末顧炎武易本音。兼采众說，有所舉正。惜顧不長于易。不免遺漏。清易順鼎易音補顧。毛奇齡易韻。卑卑不足道。繼之而起者。段玉裁六書音韻表。江有誥易經韻讀。及朱駿聲說文通訓定聲諸書。後出彌精。逾于前修。然致力於彖、象、文言、繫辭諸傳的韻讀。對於卦爻辭的韻讀。就未能探賾索隱。臻于至善。

殷周之際。太卜造作卦爻辭。其有韻的。或采民間歌謠。或據殷周史事。文辭樸質。比較詩經的國風還要早些。考證卦爻辭的聲韻。不獨可以糾正句讀的錯誤。進一步研究其思想史實。也不致望文生義。而且正韻以后。更可理解卦爻辭藝術性也是不低的。

易經卦爻辭的韻叶的凡例是。

一、有一爻自為韻的。

例如乾初九。潛龍。勿用。段玉裁 江有誥均以龍用叶韻。當分成兩句。殊為精確。

今之學者。認為小象潛龍勿用。陽在下也。文言初九曰。潛龍勿用。陽氣潛藏。皆潛龍勿用為句。燕京大學編周易引得、附標校經文、也四字為句。此不明古韻。致句讀有違經義。即以文言為證。確乎其不可拔。潛龍也。潛之為言也。隱而未見。行而未成。是以君子弗（勿弗古通）用也。明明以潛龍為句。勿用為句。這是一爻自為韻的。

二、有一卦六爻相隔為韻的。

例如乾九二．見龍在田。利見大人。九三君子終日乾乾。九四或躍在淵。九五飛龍在天。利見大人。這乾卦四爻田、人、乾、淵、天、人相隔為韻。段玉裁江有誥以為田人叶。段又以淵、天人叶。江又以天人叶。尚不完備。

三、有一卦六爻每爻皆叶的。

例如坤卦的初六履霜。六二直方。六三含章。六四括囊。六五黃裳。上六玄黃。六爻皆叶。段玉裁以囊、裳、黃三字為叶。朱駿聲以霜、方、章、囊、裳、黃叶。說是。江有誥以為不叶。實失之粗。

四、有一爻而用二韻的。

例如坤六二、直方。大。不習无不利。此爻方既與六爻霜、章等叶。而大、利又叶。段玉裁六書音韵表第十五部。周易上經坤六二。大利叶。是也，若以直方大為句。則昧於聲韵了。

五.有一爻隔句為韵的。

例如歸妹上六。女承筐。无實。士刲羊。无血。這爻四句。筐羊叶。實血叶。係隔句用韵之例。這種叶韵屈原賦最多。段玉裁江有誥均指出筐羊叶。實血叶。是也。朱駿聲僅舉筐羊叶。而遺實血叶。疏矣。

六.有一句同部的。

例如萃上六。齎咨涕洟。一句四字。韵皆同部。

以上六則。為治易聲韵的條例。今把卦爻辭逐句釐正。主要根據段玉裁江有誥朱駿聲三家之說。因顧炎武易本音。江有誥已正之。毛奇齡易音失諸野。故不采取。有人譏段江朱三家。學不純一。我認為歷來治易者疏于聲韵。治聲韵者不知易理。惟此三家于易畧有門徑。所以根據此三家。有疏漏的。就增補之。有繆誤的。就芟除之。至于分部。近人分部雖細。竊謂易之韵讀。以段玉裁十七部為是。今把卦爻辭韵讀。正之如後。

1. 乾初六潛龍。勿用。

龍用叶。段江舉。第九部。

2. 乾九二、見龍在田。利見大人。

乾九三、君子終日乾乾。

乾九四或躍在淵。

乾九五飛龍在天利見大人。

田人乾淵天人叶。朱舉。第十二部。按有謂乾當在十四部。不知乾有兩讀。一為乾溼之乾。廣韵二十五寒。古寒切集韵同。當屬十四部。一為乾坤之乾。廣韵二仙。渠焉切。集韵一曰易卦名。當屬十二部。這是古今韵變。

3. 坤初六、履霜。

坤六二、直方。

坤六三、含章。

坤六四、括囊。

坤六五、黃裳。

坤上六其血玄黄。

霜方章囊裳黄叶。（朱举）第十部。

4. 坤六二大，不習无不利。

大利叶。（段举）第十五部。

5. 屯初二磐桓。

六二屯如邅如。乘馬班如。（班一作般）

桓邅班叶。（增補）第十四部。

6. 屯六二屯如邅如。乘馬班如。

邅班叶。（段江举。朱乾部邅下云。古韵易屯叶邅班。屯部班下云。轉音。易屯叶邅班。兩說不同。）第十四部。按班篆文班。从珏从刀。

段玉裁八十四部。朱駿聲以為以分省聲。列入屯部（第十三部）。考廣韵二十七刪。

班。布還切。集韵逋還切。當从段入十四部。釋文班鄭玄作般。般班同部。

7. 屯六二、匪寇。婚媾。

寇媾叶。（段江朱举）第四部。

8. 屯六二、女子貞不字。十年乃字。

孚字叶。段舉、第一部。

9. 屯六三、即鹿无虞、惟入于林中。君子幾不如舍。

虞舍叶。增補、第五部。

10. 屯上六、乘馬班如。泣血漣如。

班漣叶。段江舉、第十四部。

11. 蒙、初筮告。再三瀆。瀆則不告。

告瀆告叶。段舉、第三部。

12. 蒙六三、勿用取女。見金夫。

女夫叶。增補、第五部。

13. 需九三、需于泥。致寇至。

泥至叶。江舉、第十五部。

14. 需六四、需于血。出自穴。

血穴叶。江舉、第十二部。

15. 需上六、有不速之客三人來。敬之。

來之叶、補增、第一部。

16. 訟、窒惕。中吉。

窒吉叶。擧江、第十二部。

17. 訟九二、不克訟。歸而逋。其邑人三百戶。

逋戶叶。補增、第五部。

18. 訟六三、食舊德。貞厲。終吉。或从王事。无成。

德事叶。補增、第一部。

19. 師六三、師或輿尸。凶。

師六四、師左次。无咎。

尸次叶。補增、第十五部。

20. 師六五、長子帥師。弟子輿尸。

師尸叶。擧段、第十五部。

21. 比初六、有孚。比之无咎。有孚盈缶。

孚咎孚缶叶。補增、第三部。

22. 比初六。有孚比之。
比六二。比之自內。
比內叶。增補 第十五部。

23. 小畜初九。復自道。何其咎。
道咎叶。段江舉 第三部。

24. 小畜九二。牽復。
小畜九三。輿說輹。夫妻反目。
復輹目叶。段舉 第三部。按輹原作輻。非是。段玉裁云。輹作輻譌。焦循說同。說文引易正作輹。輿與復目正叶。輻係第一部。不叶。

25. 小畜上九。既雨既處。
雨處叶。段舉 第五部。

26. 履六三。眇能視。跛能履。履虎尾。
視履尾叶。段舉 第十五部。

27. 履九五。夬履。貞厲。

復厲叶。備讚、第十五部，
28. 泰九二、包荒，用馮河，不遐遺，朋亡，得尚于中行。
荒亡行叶，舉段、第十部。
29. 泰九三、无平不陂，无往不復，艱貞无咎，勿恤其孚，于食有福。
復咎孚叶。備讚、第三部。
30. 泰六四、翩翩，不富以其鄰。
翩鄰叶，舉段、第十二部。
31. 否九五、其亡其亡，繫于苞桑。
亡桑叶。舉段、第十部。
32. 否上九、傾否，先否后喜。
否否喜叶。段舉、朱否喜叶、第一部。
33. 同人九三、升其高陵，三歲不興。
陵興叶，舉段、江、第六部。
34. 同人九四、乘其墉，弗克攻，
墉攻叶，舉段、江、第九部。

35. 同人九五。同人先號咷，而后笑。

咷笑叶。段江朱舉，第二部。

36. 大有九三。公用亨于天子，小人弗克，

子克叶。段舉，第一部。

37. 謙六五。利用侵伐，无不利，

伐利叶，補增，第十五部。

38. 豫六三。盱豫悔，遲有悔。

悔悔叶。補增，第一部。

39. 豫九四。由豫，大有得，勿疑，

得疑叶。補增，第一部。

40. 隨六三。係丈夫，失小子，隨有求得。

子得叶。補增，第一部。

41. 隨九四。有孚在道。

孚道叶，補增，第三部。

42. 隨上六。拘係之，乃从維之。

係維叶。段舉，第十五部。

43. 蠱六五。幹父之蠱，用譽。

蠱譽叶。補增。第五部。

44、臨六三既憂之，无咎。
憂咎叶。增補、第三部。

45、觀六四觀國之光，利用賓于王。
光王叶。段舉、第十部。

46、噬嗑六三噬臘肉，遇毒。
肉毒叶。段朱舉、第三部。

47、噬嗑九四噬乾胏，得金矢。
胏矢叶。段朱舉、第十五部。

48、賁六二、賁其須。
賁九三賁如濡如。
須濡叶。段舉、第四部。

49、賁六四、賁如皤如，白馬翰如。
賁六五、賁于丘園，束帛戔戔。
皤翰園戔叶。第十四部。按段玉裁、江有誥、朱駿聲三家僅舉皤翰叶，園戔叶。當
六四六五隔爻為韵。今訂正。

50、賁六四、匪寇，婚媾。
寇媾叶。段朱舉、第四部。

51、剝上九、君子得輿，小人剝廬。
輿廬叶。段朱舉、第五部。

52\. 復。復亨。出入无疾。朋來无咎。反復其道。七日來復、咎道復叶。增補第三部。按段玉裁舉小象。頻復之厲。義无咎也。中行獨復。以从道也。敦復无悔。以自考也。迷復之凶。反君道也。以咎道考道叶。小象韵叶。是也但不舉復卦辭韵叶失之疏。

53\. 无妄。无妄。元亨利貞。其匪正有眚。
貞正眚叶。增補、第十一部。

54\. 无妄六二、不耕穫。不菑畬。
穫畬叶、段舉、第五部。

55\. 无妄六三、无妄之災、或繫之牛。行人之得。邑人之災。
災牛得災叶。第一部。按段玉裁舉災牛災叶。朱駿聲舉牛災叶。皆脫得韵。今增補。

56\. 大畜九二、輿說輹、
大畜九三、良馬逐、
大畜六四、童馬之牿。
輹逐牿叶。段舉、第三部。

57\. 大畜六五、豶豕之牙。
大畜上九、何天之衢。
牙衢叶。段朱舉、第五部。

58\. 頤初九、舍爾靈龜。觀我朶頤。
龜頤叶。段朱舉、第一部。

59\. 頤六三、拂頤。貞凶。十年勿用。
凶用叶。增補、第九部。

60. 大過九二，枯楊生稊，老夫得其女妻，无不利。
稊妻利叶，第五部，按段玉裁朱駿聲舉稊妻叶，脫利韵，今增補。

61. 大過九五，枯楊生華，老婦得其士夫，无咎无譽。
華夫譽叶，第五部，按段玉裁舉華夫叶，脫譽韵。今增補。

62. 坎，習坎，有孚，維心亨，尚有行。
亨行叶，段舉，第十部。

63. 坎初六，習坎。入于坎窞。
坎九二，坎有險。
坎九三，來之坎坎，險且枕。入于坎窞。
坎窞險坎窞叶。第八部。按段玉裁舉坎初六坎窞叶，六三坎枕窞叶。考枕韵變。不當叶。江有誥舉初六坎窞叶，六三坎窞叶，朱駿聲舉，坎窞皆失之。
當以初六九二六三隔爻為韵。今增補。

64. 坎六四，樽酒。簋貳用缶，納約自牖，終无咎。
酒缶牖咎叶。段舉，第三部。按段玉裁舉如上。而江有誥朱駿聲則以簋缶牖咎叶。此以樽酒簋句。叶與段異。后之治易者。叶酒叶簋，眾說不一。考損卦辭云曷之用。二簋可用享。二簋應有時，損剛益柔有時損益。可證二即貳。簋貳即二簋也。據此。當从段說為允。

65. 坎九五。坎不盈。祇既平。
盈平叶。段江舉。第十一部。

66. 坎上六。係用徽纆。寘于叢棘。三歲不得。
纆棘得叶。段江朱舉。第一部。

67. 離九三。日昃之離。不鼓缶而歌。則大耋之嗟。
離歌嗟叶。段江朱舉。第十七部。

68. 離九四。死如棄如。
死棄叶。段舉。第十五部。

69. 離上九。有嘉折首。獲匪其醜。无咎。
首醜咎叶。段舉首醜。江舉首醜咎。第三部。

70. 睽上九。匪寇。婚媾。
寇媾叶。段江朱舉。第四部。

71. 蹇初六。往蹇來譽。
蹇六二。王臣蹇蹇。匪躬之故。
譽故叶。段舉。第五部。

72. 蹇九三。往蹇來反。
蹇六四。往蹇來連。
反連叶。段舉。第十四部。

73. 解。解。利西南。无所往。其來復吉。有攸往。夙吉。

復、夙叶，段朱畢第三部。

74\. 解九二、田獲三狐。得黃矢。
解六三、負且乘。致寇至。

矢至叶。增補、第十五部。

75\. 損、利有攸往。曷之用。二簋可用享。

往享叶。段畢、第十部。

76\. 益六四、利用為依遷國。
益九五、有孚惠我德。

國德叶。增補、第一部。

77\. 益上九、莫益之。或擊之。

益擊叶、段畢、第十四部。

78\. 夬九四、臀无膚。其行次且。

膚且叶。段畢、第五部。

79\. 夬九四、牽羊。悔亡。

羊亡叶。增補、第十部。

80\. 姤九二、包有魚。
姤九三、臀无膚。其行次且。
姤九四、包无魚。
姤九五、以杞包瓜。

魚膚且魚瓜叶。段舉、第五部。

81. 萃初六若號一握為笑。

萃六二孚乃利用禴。

號笑禴叶。第二部。按段玉裁朱駿聲皆舉初六號笑叶。脫六二禴韵。

今增補。

82. 萃上六齎咨涕洟。

齎咨涕洟叶。朱舉、第十五部。

83. 升。勿恤南征吉。

恤吉叶。增補、第十二部。

84. 困初六臀困于株木。入于幽谷。三歲不覿。

木谷覿叶。段江朱舉、第三部。按覿說文作儥。朱駿聲叶見需部。即段玉

裁的第四部。

85. 困九二、困于酒食。朱紱方來。利用享祀。

食來祀叶。段江舉、第一部。

86. 困六三、困于石。據于蒺蔾。入于其宮。不見其妻。

蔾妻叶。段江朱舉、第十五部。

87. 困九四、來徐徐，困于金車。

徐車叶。段江朱舉、第五部。

88. 困九五、劓刖。困于赤紱。乃徐有說。

89.困上六、困于葛藟，于臲卼，曰動悔，有悔，征吉、
删紱 說叶江朱舉 第十五部。
藟卼吉叶。江舉、段朱脫吉叶，第十五部。按卼說文未出，以杌為之，

90.井、井。改邑不改井。无喪无得。往來井井。汔至亦未繘井，羸其瓶。
井井井瓶叶，段舉、第十一部。

91.井九二、井谷射鮒。甕敝漏。
鮒漏叶。段江朱舉、第四部。

92.井九三、井渫不食。為我心惻。可用汲。王明並受其福。
食惻福叶。段江朱舉、第一部。

93.井六四、井甃。无咎。
井上六、井收。勿幕有孚。
甃咎收孚叶。增補、第三部。

94.革六二、己日乃革之。征吉无咎。
革九三、征凶貞厲。革言三就。有孚。
革九四、悔亡。有孚。改命吉。
革九五、大人虎變。未占有孚。
咎就孚孚叶。增補、第三部。按易經卦爻。一卦六爻的繇辭。有內在的聯繫。
須前后貫串。以求其義。如革六二至九五四爻。韻既相叶。繇辭也聯繫。后人昧
其義。把每爻之辭。孤立解釋。致失精蘊。

95. 革上六，君子豹變。小人革面。
變面叶。段朱舉，第十四部。

96. 鼎初六，鼎顛趾。利出否。得妾以其子。
趾否子叶。段江舉，第一部。

97. 鼎九二，鼎有實。我仇有疾。不我能即。吉。
實疾即吉叶。江舉，第十五部。按段玉裁舉此爻脫吉韻。江有誥說是也。

98. 鼎九三，鼎耳革，其行塞。雉膏不食。方雨虧悔。
革塞食悔叶。江舉，第一部。按段玉裁舉此爻脫悔韻。

99. 鼎九四，鼎折足，覆公餗。其形渥。
足餗渥叶。段江朱舉，第三部。按朱駿聲歸在需部。係段玉裁所分的第四部。

100. 震，震來虩虩，笑言啞啞。
虩啞叶。段朱舉，第五部。

101. 震初九，震來虩虩，笑言啞啞。
虩啞叶。段江朱舉，第五部。

102. 震六二，震來厲。億喪貝。
厲貝叶。段江朱舉，第十五部。按江有誥歸在祭部。朱駿聲歸在泰部。段玉裁則入十五部。

103. 震六五，震往來厲，意，(毛本作億，釋文億作噫) 无喪有事。
來億事叶。世補，第一部。按此爻與六二相應。六二云。億喪貝。此爻云。億无喪有事。

前后相應。億虞翻干寶皆謂借辭。王弼也謂億辭也。釋文引作語助詞鄭玄則謂十萬曰億。兩說皆未確。左傳隱十年。不能供億。億當作供億解。億喪貝。言喪亡其供億的財物。億无喪有事。言供億的財物沒有喪亡。往來、徬徨不定。即驚懼之狀。故象云。震驚遠而懼邇，是也。虞翻以坤為喪。事為祭祀。雖承彖祭主立說。其義俠。喪當作亡解。不必以象釋之。此爻謂能驚能懼可免於危。不致喪亡其供億之財物。

104. 震上六。震索索。視矍矍。

索矍叶。段江朱舉。第五部。

105. 艮。艮其背。不獲其身。行其庭。不見其人。

身人叶。段舉。第十二部。

106. 艮六五。艮其輔。言有序。

輔序叶。段朱舉。第五部。

107. 漸初六。鴻漸于干。小子厲有言。

漸六二。鴻漸于磐。飲食衎衎。

干言磐衎叶。第十四部。按段玉裁江有誥初六六二兩爻分舉。朱駿聲僅舉六二爻。今補正。

108. 漸九三。鴻漸于陸。夫征不復。婦孕不育。

漸六四。鴻漸于木。或得其桷。

陸復育木桷叶。第三部。按段玉裁兩爻分舉。江有誥以九三陸復育入幽部。六四

109. 漸九五。鴻漸于陵。婦三歲不孕。終莫之勝。
陵孕勝叶。段江朱舉。第六部。木桷入侯部。朱駿聲以九三復育入孚部。木桷入需部。今並補正。

110. 漸上九。鴻漸于陸。其羽可用為儀。
按陸字疑涉九三爻而譌。段玉裁六書音韵表第十七部舉漸上九陸儀叶。此說誤。江永羣經補義謂。以韵讀之。陸當作阿。大陵曰阿。阿儀相叶。菁菁者莪是也。江有誥也改陸為阿。皆从周易折中說。皆无左證。王弼注。峩峩清遠儀可貴也。王注峩字。也有所據。韵叶義勝。今从之。

111. 歸妹初九。歸妹以娣。跛能履。
歸妹九二。眇能視。
歸妹六三。歸妹以須。反歸以娣。
娣履視娣叶。段舉。第十五部。按江有誥朱駿聲僅舉娣履叶。失之疏。

112. 歸妹九四。歸妹。愆期。遲歸。有時。
妹娣叶。增補。第十五部。期時叶。段江舉。第一部。

113. 歸妹六五。不如其娣之袂良。月幾望。
良望叶。段江舉。第十部。

114. 歸妹上六。女承筐。无實。士刲羊。无血。
筐羊叶。段江朱舉。第十部。實血叶。江舉。第一部。

115. 豐初九。遇其配主。

豐六二、豐其蔀。日中見斗。
主蔀斗叶。段朱舉、第四部。
116. 豐九三、豐其沛。日中見沬。
沛沬叶段江朱舉第十五部
117. 豐九四、豐其蔀。日中見斗，遇其夷主，
蔀斗主叶。段江朱舉、第四部。
118. 豐上六、豐其屋。蔀其家。闚其戶。闃其无人。三歲不覿。
屋覿叶。•段舉、第三部。
119. 旅六二、旅即次。懷其資。
旅九三、旅焚其次。
次資次叶。增補、第十五部。按段江朱三家脫九三次韵。今增補。
120. 旅九四、旅于處。得其資斧。
處斧叶。段江朱舉、第五部。
121. 旅上九、鳥焚其巢。旅人先笑后號咷。
巢笑咷叶。段江舉、第二部。按朱駿聲于小部巢字下云。古韵旅叶鳥巢笑咷。
又咷字下云古韵旅叶巢笑咷。兩叶有出入。且鳥在孚部。巢笑咷在小部，部亦
不同。失之。
122. 巽九二、巽在牀下。用史巫。紛若。

下巫若叶。增補、第五部。按段玉裁朱駿聲舉此爻皆脫巫韵。今補。

123. 巽上九、巽在牀下。喪其資斧。
下斧叶。段舉、第五部。

124. 渙六四、渙有丘。匪夷所思。
丘思叶。段舉、第一部。

125. 中孚九二、鳴鶴在陰。其子和之。我有好爵。吾與爾靡之。
和靡叶。段江朱舉、第十七部。

126. 中孚六三、得敵。或鼓或罷。或泣或歌。
罷歌叶。段江朱舉、第十七部。按廣雅釋詁罷勞也。韋昭國語吳語注同。釋文罷本作疲。韋昭注。也云罷通作疲。近儒咸以罷訓勞訓疲。疑非是。罷爲蘢之省。爾雅釋器云。蘢謂之罷。郭璞注。蘢牛尾也。邢昺疏。一名旄蘢。舞者所執也。據此。罷當作[illegible]解也。

127. 中孚六四、月幾望。馬匹亡。
望亡叶。段江舉、第十部。

128. 小過九三、弗過防之。从或戕之。
防戕叶。段江朱舉、第十部。

129. 小過上六、弗遇過之。飛鳥離之。
過離叶。段江舉、第十七部。

130. 既濟九五、東鄰殺牛。不如西鄰之禴祭。實受其福。

牛福叶。增補、第一部。

131. 未濟、小狐汔濟。濡其尾。

濟尾叶。段舉、第十五部。

132. 未濟九四、貞吉悔亡。震用伐鬼方。

未濟六五、貞吉。无悔。君子之光。有孚。吉。

亡方光叶。增補、第十部。

133. 未濟上九、有孚。于飲酒。无咎。濡其首。

孚酒咎首叶。增補、第三部。按段玉裁从王弼注舉酒咎叶。今增補。

以上易經卦爻辭古韻。凡一百三十有三則。采前人之說。計九十則。增補訂正者。計四十三則。其有誤讀。如段玉裁于明夷六二。夷于左股。用拯馬壯吉。以股馬叶。實失其韻。若斯之類。今則刪諸。至于說有失誤。也加是正。

書名：三易新論（中）
系列：易學經典文庫
原著：沈瓞民
主編・責任編輯：陳劍聰

出版：心一堂有限公司
通訊地址：香港九龍旺角彌敦道六一〇號荷李活商業中心十八樓〇五一〇六室
深港讀者服務中心：中國深圳市羅湖區立新路六號羅湖商業大厦負一層〇〇八室
電話號碼：(852) 67150840
網址：publish.sunyata.cc
淘宝店地址：https://shop210782774.taobao.com
微店地址： https://weidian.com/s/1212826297
臉書： https://www.facebook.com/sunyatabook
讀者論壇： http://bbs.sunyata.cc

香港發行：香港聯合書刊物流有限公司
地址：香港新界大埔汀麗路36號中華商務印刷大廈3樓
電話號碼：(852) 2150-2100
傳真號碼：(852) 2407-3062
電郵：info@suplogistics.com.hk

台灣發行：秀威資訊科技股份有限公司
地址：台灣台北市內湖區瑞光路七十六巷六十五號一樓
電話號碼：+886-2-2796-3638
傳真號碼：+886-2-2796-1377
網絡書店：www.bodbooks.com.tw
心一堂台灣國家書店讀者服務中心：
地址：台灣台北市中山區松江路二〇九號1樓
電話號碼：+886-2-2518-0207
傳真號碼：+886-2-2518-0778
網址：http://www.govbooks.com.tw

中國大陸發行　零售：深圳心一堂文化傳播有限公司
深圳地址：深圳市羅湖區立新路六號羅湖商業大厦負一層008室
電話號碼：(86)0755-82224934

版次：二零一八年二月

裝訂：上中下三冊不分售

定價：港幣　六百八十元正
新台幣　二千六百八十元正

心一堂微店二維碼　心一堂淘寶店二維碼

國際書號 ISBN 978-988-8317-23-3